Aris Fioretos

Die halbe Sonne

Ein Buch über einen Vater

Aus dem Schwedischen
von Paul Berf

Carl Hanser Verlag

Die schwedische Originalausgabe erschien 2012
unter dem Titel *Halva solen* bei Norstedts in Stockholm.

1 2 3 4 5   17 16 15 14 13

ISBN 978-3-446-24121-3
© Aris Fioretos 2012
Alle Rechte der deutschen Ausgabe
© Carl Hanser Verlag München 2013
Satz: Fotosatz Amann, Aichstetten
Druck und Bindung: CPI – Ebner & Spiegel, Ulm
Printed in Germany

MIX
Papier aus verantwortungs-
vollen Quellen
FSC® C006701

Für Xenia

I

Flügelschläge, erstarrt

Als das Handy klingelt, sitzt der Sohn in einem Parkcafé im Ausland. Sechs Uhr abends, der letzte Sonntag im Juni. Nach dem Gespräch steht er auf. Menschen liegen im Gras. Auf Kieswegen versuchen Jogger, sich an Hunden und Kinderwagen vorbeizuschieben, ohne Tempo einzubüßen. Enten gleiten aufmerksam im Teich umher, wassergekämmte Inspekteure, die Hände auf dem Rücken. Die Fontäne pumpt Kaskaden von Schaum in die Höhe. Für einen flüchtigen Moment bildet sich ein Flügel, dann zerstäubt das Wasser wie von Zauberhand. Das Kunststück wiederholt sich mit solch geduldiger Exaktheit, dass er sich fragt, ob der Augenblick als Endlosschleife läuft.

»Jetzt ...« Die Stimme der Mutter ist dünn wie Nähseide. »Jetzt ist es passiert.«

Telefonische Zeitansage

Wieder klingelt das Telefon. Die Sechsjährige erklärt ihrer fragenden Tante: »Opa ist gesterbt.«

Schutzengel

Zwei Nächte und eine Flugreise später betritt der Sohn die Kapelle. Der Mann vom Bestattungsunternehmen schließt hinter ihm die Tür. Allein, denkt er – dann ändert er seine Meinung.

Die Bahre ist in die Mitte des Raumes gerollt worden. Entlang der Wände stehen Stühle. Am Kopfende flackern Kerzen. Es fällt ihm schwer hinzugehen, er tut, was er kann, um den Vater nicht anzusehen. Trotzdem wird die Aufmerksamkeit dorthin gezogen. Wer hat ihm die Haare gekämmt? Gibt es noch Weiches in den Gliedern? Den Pyjama hat der Vater weiterhin an. Heißt dies, das Abgehen von Flüssigkeiten beim Versagen der Muskeln ist niemals eingetreten? Und die Ellbogen – hochgeschoben seit dem Unfall vor einem Jahr. Wie passt er mit einer solchen Spannweite in das Kühlfach?

Während der Sohn versucht, sich an die Situation zu gewöhnen, verstreicht die Zeit. Er staunt über alles, was die Welt enthalten kann. Stille, Pulsschläge, Parkettboden. Belüftungsschacht, Metallbahre, Laken, Tod. Nach einer Weile setzt er sich und versucht, ruhig und regelmäßig zu atmen, obwohl sein Herz revoltiert. Denkt: Ist ein Vater nicht ein Schutzengel? Es ist nicht vorgesehen, dass er einem von der Seite weicht. Man nehme beispielsweise Michael. Der Name bedeutet »Wer ist (wie) Gott?« Als der Sohn jünger war, hörte er, dass der Erzengel an der Erschaffung der Welt mitgewirkt hatte. Das erschien ihm selbstverständlich, dies war es, was ein Vater tat. Er war dabei, als die Welt geboren wurde.

Und nun? Der Sohn beginnt, die Ziegelsteine zu zählen, gibt aber rasch auf. Stattdessen versucht er zu erkennen, wo die Farbe der Kerzenflammen in Rot übergeht, gibt jedoch auch das wieder auf. Am Ende bleiben nur die Fragen. Wie lautet die Definition für einen Vater? Vielleicht: Er-der-schützt? Vielleicht: der Sonne entgegen? Wenn er nicht mehr schützt, ist er dann noch Vater?

*Die Dinge, die der Sohn sieht, als er den Vater
zum letzten Mal sieht*

4 Wände, keine Fenster
2 Türen
Ziegelsteine, rot und unübersichtlich
10 Deckenlampen, angeordnet in 2 Reihen
3 Belüftungsventile
1 Luftschacht
Parkettboden, Steinplatten entlang einer Wand
12 Stühle mit Sitzflächen aus geflochtenem Bast
2 Kerzenständer, 6 Kerzen (alle angezündet)
1 Schachtel *Solstickan*-Streichhölzer
1 Reihe Gesangbücher + Neues Testament
1 Metallbahre
2? 3? Laken
Auf dem Laken über dem Brustkorb: *Eigentum des Beerdigungs-
    instituts Axelsson.*

Däumelinchen Convertible

Diese Streichholzschachtel.

Als Einar Nerman 1936 den Auftrag erhielt, das Etikett für das neue Produkt der Stiftung Solstickan zu zeichnen, war die Zeit knapp. Er suchte zwischen alten Zeichnungen und fand eine, die Däumelinchen mit einer Fackel in der Hand zeigte. Sein eigener Sohn hatte Modell gestanden. Nerman verwandelte das Mädchen wieder in einen Jungen, entfernte die Fackel und zeichnete in die obere linke Ecke eine Apfelsine. Seither marschiert das Kind alleine der Sonne entgegen, deren Strahlkranz am ehesten einem Zahnrad ähnelt. Offenbar scheut es das Feuer nicht. Es ist ein Baby-Ikaros mit orangefarbenen Haarsträhnen und flatternden

Kragenecken. Mit leeren Händen bewegt er sich vorwärts, indem er rückwärtsgeht.

Die Apfelsine: zugleich Ursprung und Ziel.

Die Streichholzzeit

Der Sohn will nicht vergessen, was er sieht, als er den Vater zum letzten Mal sieht. Doch als er in seinen Taschen nach etwas sucht, worauf er schreiben könnte, findet er nichts. Schließlich reißt er das Nachsatzblatt aus einem Gesangbuch heraus. Die Dinge aufzulisten geht schneller, als er gedacht hätte. Während er das Papier zusammenfaltet, fragt er sich, wann der Bestatter zu seinem Büro zurückkehren muss. Momentan raucht er mit einem Kollegen auf dem Parkplatz. Aber schon bald findet er vielleicht, dass sie gehen sollten. Wird der Mann es wagen, ihn zu stören? Warten andere darauf, ihre Verstorbenen sehen zu dürfen? Übrigens ist schwedischer Hochsommer. Nimmt der Körper in dieser Hitze nicht Schaden?

Er lässt sich wieder auf den Stuhl sinken. Keine Dramatik. Dort liegt der Vater, hier sitzt er. Sie sind viele Male zuvor allein gewesen. Dies wird das letzte Mal sein. Er schaut auf die Uhr und beschließt, für jeden Tag, den man trauern soll, eine Minute zu bleiben. Weil er nicht weiß, wie er sonst Abschied nehmen soll? Weil das der Anzahl an Streichhölzern in einer Schachtel entspricht?

Unsortierte Gedanken zwischen 15.03 und 15.43

»Du liegst, wie du gelegen hast, seit du vor einem Jahr die Kellertreppe herunterfielst. Regungslos, mit hochgeschobenen Ellbogen, wie aus Zweigen gemacht.« »War ja klar, dass du aufstehen wolltest, als man dich kurz allein ließ. Aber du wusstest nicht, wohin du die Füße setzen solltest. Stürztest stattdessen.« »Siebzig Kilo Mensch, dreißig Zentimeter Fallhöhe, Querschnittslähmung.« »Niemehrniemehrniemehr.« »Imperfektpapa?« »Weißt du, mir will dieses Kind mit den leeren Händen nicht mehr aus dem Kopf.« »Wenn man das Wort ›Ikaros‹ auseinanderpflückt, lassen sich aus den Buchstaben neue Wörter zusammenfügen. Zum Beispiel mein Name + ›KO‹.« »Hier hast du deinen Sohn, ausgeknockt!« »Wie kann ich dich schützen?« »Du starrer Wirrwarr aus Gliedern.« »Du Labyrinth.« »Ich würde dich gerne auseinandernehmen und wieder zusammensetzen. Ein Paparat. Gemacht aus allem, was du bist, wenn du nicht bist wie hier.« »So viel von dir war Freude. Mit ihr erfandest du dich selbst. Träume und Übertreibungen gehörten dazu. Auch Einfälle. Was soll ich jetzt mit alledem anfangen?« »Es benutzen, um dich umzubauen?« »Dich zum Anfang zurückerzählen?« »Mikado mit vierzig Streichhölzern. Wenn alle Hölzer entfernt sind, bist du kein Papa mehr. Nur die Zukunft bleibt.« »Prachtvoller Mensch, deine Süße ...« »Wer ist (wie) du?«

Baugenehmigung

Für einen Paparat benötigt man Ellbogen. Sie brauchen nicht abzustehen wie Flügel oder Winkelhaken. Sie brauchen nicht starr zu sein. Sie brauchen nicht so eckig zu sein, dass man sie für Hölzer halten könnte. Sie brauchen nicht so mager zu sein, dass es schwerfällt, sich die vielen Gelegenheiten vorzustellen, bei denen ein Kind seinen Kopf in der Armbeuge ruhen ließ oder sein Ohr in der Hoffnung gegen den oberen Muskel presste, den Geheimnissen der Kraft auf die Spur zu kommen. Aber wenn die Ellbogen nach außen abstehen, starr und hart, mager und eckig sind, sollen sie zumindest zu einem Vater gehören.

Mit der Hand auf der Klinke

Bevor der Sohn das rote Zimmer verlässt, denkt er, dass der Vater auch aus Mythen bestand. Da ist die Geschichte von einer wild gewordenen *jiajiá*, die ihn wie eine Trophäe hochhält, als er erst ein paar Tage alt ist, um ihn vom Balkon des Elternhauses im südlichen Griechenland zu werfen, weil er als siebtes Kind das eine zu viel ist und das Leben seiner Mutter aufs Spiel gesetzt hat. Da ist der Dorfarzt, dem es gelingt, die alte Frau zu besänftigen, und der viel später zur Berufswahl des Vaters beitragen wird. Da ist die Frau selbst, die das Kind mit der Zeit lieben wird, als wäre es der wichtigste Teil ihrer selbst, und da ist der Schullehrer, der einen klugen Kopf erkennt, wenn er ihn vor sich hat. Da ist der Apfelsinenhain, durch den der jugendliche Vater mit einem Cousin spaziert, und da ist eine Freundschaft, so stark wie Holz und Eisen. Aber da sind auch der überstürzte Aufbruch aus dem Heimatdorf und eine so verschworene Gemeinschaft, dass sie die Familie durch die langen, harten Jahre trägt.

Der Vater enthält vieles, was den Sohn beschäftigt. Wenn er ihn in die Zeit vor dem Anbeginn der Welt zurückerzählen will, kann dies keinesfalls ohne die Mythen geschehen. Auch nicht ohne die Dinge, über die sich der Vater lieber in Schweigen hüllte, wodurch immer wieder eine Leere entstand, die durch Vermutungen gefüllt werden musste. Als der Sohn nach der Klinke greift, denkt er, dass auch so etwas dazugehört. Und dass deshalb sowohl Fakten als auch Phantasie erforderlich sein werden, um den Vater noch einmal zu machen. Dann drückt er die Tür auf.

II

Vor dem Unfall

Der Vater sitzt auf einem Hocker in der Badewanne. Sein Rücken ist gekrümmt, die Hände bedecken das Geschlecht. Der Sohn gleitet mit dem Badeschwamm über die Schultern, das Rückgrat hinab – sieht Narben und Leberflecken im Seifenschaum verschwinden. Die Schulterblätter wirken so schutzlos. Aus den Achselhöhlen lugen abstehende Haare. Sie glänzen grau, hier und da weiß. Als er den Rücken abspült, fühlt sich die Haut glatt an. Denkt: Zerbrechlicher Papa. Dann: Jetzt bist du ganz neu.

Weitfortistan

Es ist halb fünf am Nachmittag. Aus dem Arbeitszimmer in der ersten Etage dringt nur das Geräusch des knarrenden Ventilators. Draußen Sonne, drinnen Stille. Der Sohn öffnet die Tür einen Spaltbreit, zieht den Vorhang auf. Die Jalousien sind heruntergelassen, die Fenster stehen offen. »Schläfst du?«

Der Vater liegt halb aufgerichtet auf dem Diwan, ein Laken auf den Beinen und sieben Kissen im Rücken. Die Lesebrille ist heruntergerutscht, die Augen sind geschlossen. In der einen Hand hält er noch einen Kugelschreiber, in der anderen zwei, drei Din A-4-Blätter. Einige weitere liegen auf seinen Beinen. Ein paar hat er zerknüllt und auf den Fußboden geworfen – eckige Wolken, verworfenes Gewitter enthaltend. Auf dem Beistelltisch steht das obligatorische Glas Wasser, daneben liegen die Medikamente. *Madopark, Stalevo, Furosemid, Digoxin, Exelon* ... Kleine Pulvergötter ohne Gesichter, fast ohne Geschichte. Einige Tabletten sind rund, andere länglich und zweifarbig. Ihre Formen lassen einen an Weltraumreisen und Pop-Art denken, an eine Epoche, in der es für alles noch eine Lösung gab.

Der Sohn setzt sich ans Fußende, legt die Hand auf das Laken. »Schläfst du, Papa?« Die Schnarcher sind ruhig, fast zufrieden, aber die langgezogenen Seufzer haben etwas Klagendes. Die Lider flattern. Der Sohn greift nach den Papieren im Schoß. Auf einem Blatt mit der Überschrift *Spuren* steht: *Vater / du lehrtest mich.* Die letzten beiden Wörter sind durchgestrichen und geändert worden in: *sagtest, ich solle lernen.* Auf einer anderen Seite wird dreimal mit immer kleineren Buchstaben und in immer größeren Abständen derselbe Satz wiederholt: *Und ich lernte / Und ich lernte / Und ich lernte.* Die Hand ist immer noch fest, die Schrift trotz der Krankheit sorgfältig. Kaum zittrige Stellen, fast keine Unsicherheit. Auch die Akzente über den griechischen Buchstaben sind präzise – weniger Abdrücke einer Vogelklaue als Schläge des Taktstocks während einer Sonate.

Die Entdeckung macht den Sohn verlegen. Mehr als ein halbes Jahrhundert ist vergangen, seit der Lebensmittelhändler des Dorfs, mit zweiundsiebzig Jahren, starb. Als es passierte, studierte sein jüngstes Kind, ein zukünftiger Vater, in Wien Medizin. Wäre er zur Beerdigung zurückgekehrt, hätte ihn die Sicherheitspolizei verhaftet. Stattdessen fuhr er nach Schweden, um in den Sommermonaten Geld zu verdienen. Er durfte beim Witwer einer bekannten Schriftstellerin ein Zimmer mieten. Nach acht Tagen als Spüler in einem Restaurant hustete er jedoch Blut, wurde in ein Sanatorium eingewiesen und blieb, als er wieder entlassen war, im Land.

Erst dreißig Jahre später zog er in die Heimat zurück. Die Jahre in Schweden fielen in die Blütezeit des schwedischen Wohlfahrtsstaates. Als er ankam, verputzte man gerade die Wände, als er das Land wieder verließ, waren die Tapeten ausgefranst, war das Parkett rissig.

Einige Jahre nach Beginn des neuen Jahrtausends schläft der Vater in dem Sommerhaus, das er wenige Kilometer außerhalb seines Geburtsdorfs erbauen ließ. Das nachmittägliche Nickerchen hat ihn bei der Arbeit am Porträt eines Menschen unterbrochen, den der Sohn nur aus Familienlegenden kennt. Und von dem Foto unten in der Küche. Dort sitzt der Patriarch auf einem Holzstuhl, bekleidet mit einem hellen Mantel, das linke Bein über das rechte Knie geschwungen. Der Schnurrbart ist grau meliert, aber getrimmt, in seiner Weste tickt eine Taschenuhr. Man schreibt die fünfziger Jahre, und es ist noch lange hin, bis sein siebtes Kind aus Schweden zurückkehren wird. In den schwarzen Augen funkelt es friedfertig, aber auch neckisch, als amüsiere er sich über etwas, was er weiß, anderen aber lieber nicht kundtun möchte. Der Großvater: eine männliche Sphinx in Halbschuhen.

Widerwillig liest der Sohn weiter. *Vater / du sagtest, ich solle deine Sprache lernen...* Er wundert sich über die Aufforderung. Spricht der Ältere ein anderes Idiom als das angesprochene? Wie soll der Jüngere ihn dann verstehen? Und wenn nicht, warum muss der Jüngere es erst lernen? Spricht er es denn nicht schon, zumindest so gut, dass er die flehende Bitte verstehen kann?

Vater / du sagtest, ich solle deine Sprache lernen... Der Vater, der sich von seinem Vater nicht verabschieden konnte, greift auf alle nur erdenklichen Arten zurück, *seinen* Kindern seine Sprache beizubringen. Die Rückreise ins Heimatland führt über Vokabeln, die so alt sind wie Götter oder zumindest Amphoren. Andere Möglichkeiten werden nicht genannt. Der Zoll, der am Grenzübergang entrichtet werden muss, besteht aus einer Erklärung im Präsens Indikativ, erste Person Singular: »Ich spreche Griechisch.«

Anfangs müssen die ältesten Söhne ihre Wochenendvormittage über den eigenhändig komponierten Vokabellisten des Vaters verbringen. Später bestellt er Bücher bei einer Firma in Athen. Aber diese Drucksachen enthalten zu viel Schriftsprache, weshalb sie rasch aussortiert werden. So reden nur Pfarrer und Obristen.

Das ist der Ton der Kirche und des Kasernenhofs. Da die Jungen die Gefahr einer ihm drohenden Gefängnisstrafe bereits als eine heimliche Auszeichnung betrachten, gelangen sie zu dem Schluss, dass es ein gutes und ein böses Griechisch gibt. Das gute wird von Auslandsgriechen gesprochen, ist modern und setzt nur über betonten Silben Akzente. Dass es dem Vater nicht gelingt, den Unterschied zwischen Akkusativ und Dativ zu erklären, sehen sie als Beleg dafür, dass die Sprache von Menschen in der Diaspora laufend modernisiert wird. Das böse Griechisch besteht aus einem Wirrwarr diakritischer Zeichen, verkompliziert das Kasussystem und erinnert einen am ehesten an eine Gefängniszelle. An Regeln gekettet kann sich keiner so bewegen, wie er will. Außerdem riecht das Idiom nach Weihrauch und Waffenfett.

Als schwedische Universitäten in den siebziger Jahren ihr Betätigungsfeld erweitern und für Frauen und Freundinnen von Gastarbeitern Abendkurse anbieten, hocken die Kinder über Arbeitsblättern, auf denen sie den Unterschied zwischen dem Akkusativ der Anklage und dem Dativ der Gabe ausloten können. Und ein paar Jahre später wird der staatlich verordnete Unterricht in der Muttersprache eingeführt – drei zusätzliche Schulstunden in der Woche, in denen sie sonst Fußball spielen könnten. Unterrichtet werden sie von einem Bekannten der Familie, einem Philologen, der ein properes Schwedisch spricht, auf seinem Schnäuzer kaut und verlegen erklärt, dass er sie nur mit befriedigend benoten könne. Sonst werde ihn die Schulleitung der Bestechlichkeit aus Freundschaft bezichtigen.

Die meisten Bemühungen des Sohnes erweisen sich als vergeblich. Als Sechsjähriger ist er viel zu bockig, um sämtliche Vokabeln zu lernen, als Zwölfjähriger antwortet er »Ja, ja«, ohne den Erklärungen zu lauschen, als Sechzehnjähriger lässt er sich immer neue Entschuldigungen einfallen (»Ich habe Training«, »Wir schreiben morgen eine Arbeit«, »Ich lese lieber Nerval«...). Sein Repertoire an Ausreden wächst Jahr für Jahr. Genau wie sein schlechtes Gewissen. Wie bei einem bösen Erbe ahnt er, dass das Griechische nicht nur zu einer Bürde, sondern auch zu einer Niederlage werden wird – der endgültige Beweis für seine Unfähigkeit, den Erwartungen zu entsprechen. Außerdem fragt er sich, wie er jemals seine Pflicht erfüllen können soll, wenn er doch nie mehr als ein Befriedigend erreichen wird. Gleicht der Weg zur Muttersprache nicht einem Bußgang?

Vater / du sagtest, ich solle deine Sprache lernen... Am Fußende sitzend überlegt der Sohn, was dieser Satz bedeutet, während sich der Vater fortträumt – an einen Ort ohne Zölle und Drill, an dem die roten Häkchen nie in Habtachtstellung stehen werden.

Daredevils

Graues Licht, Wind, einzelne Schauer. Es ist ein Januartag zu Anfang des neuen Jahrtausends. Der Vater erkundigt sich, ob der Sohn Lust habe, ihn hinauszubegleiten. Er steht in Strümpfen, hat die russische Mütze jedoch schon aufgesetzt. Seine Augen leuchten lausbübisch. Der Sohn schnürt ihm die Stiefel zu, zieht den Reißverschluss der Jacke hoch. Dann nimmt der Vater den Stock, der an das Sommerhaus gelehnt steht, und geht zu den Hunden, die vor Freude wild bellen. Wegen seiner Krankheit fällt es ihm schwer, differenziertere Bewegungen auszuführen oder sich schnell zu bewegen. Als er die Tiere angeleint hat, ziehen sie sofort, ungestüm und selig. Der Vater stolpert hinterher – stolz darauf mitzuhalten, heiter erschrocken über ihre Zugkraft. Der Sohn sieht sie durchs Gartentor verschwinden, zum Meer hinunter. Er kann beim besten Willen nicht entscheiden, wer hier wen führt. *Daredevils*, denkt er und sucht nach dem schwedischen Wort.

Als er die Felder erreicht, auf denen die Bauern der Umgebung im Sommer Melonen anbauen, sieht er die Hunde das wellige Terrain überqueren. Die Tiere streben in verschiedene Richtungen, ihr Herrchen folgt ihnen mit ausgestrecktem Arm. Manchmal bleiben die Hunde stehen und streiten sich um den limettengrünen Tennisball. Dann holt der Vater sie ein und kann das Leinenknäuel entwirren. Noch aus der Ferne sieht man ihm den Spaß an dem Tumult an. Der Sohn schert sich nicht um den kalten Schweiß, der wohl auf seiner Stirn glänzen wird, oder darum, dass das Herz des Vaters unter dem Hemd sicher wie verrückt pocht. Aus den Olivenhainen hört man einzelne Schüsse; jemand jagt Singvögel. Hundert Meter entfernt tost das Meer.

Am Strand werden die Hunde von der Leine gelassen. Sie sausen wie Geschosse davon. Regelmäßig spritzt feuchter Sand in die Luft. Im nächsten Moment laufen sie mit triefenden Schnauzen durchs seichte Wasser. Sie balgen sich und schnappen, wagen sich einen Meter hinaus, machen aber blitzschnell kehrt, wenn eine neue Welle heranrollt. Ab und zu schütteln sie in einer Wolke aus Sand und Meerschaum ihr Fell. Der Vater geht mit Stock und Hundeleinen in den Händen, spricht über nichts Besonderes. Gelegentlich pfeift er gellend oder ruft Kommandos. Der Sohn denkt, dass die Hunde seine neuen Kinder geworden sind. Neben ihnen zischen unablässig die grauen Wellen.

Nach einer Weile muss sich der Vater ausruhen. Sie gehen zum schütteren Strandgras hinauf, suchen Schutz zwischen den Dünen. Der Wind hat aufgefrischt. Der Sohn nimmt die Hände des Vaters, hilft ihm beim Hinsetzen und setzt sich anschließend so, dass ihm der Sand nicht ins Gesicht weht. Als aus den Olivenhainen weitere Schüsse herüberschallen, zuckt der Vater zusammen. Sagt, dass seine Kinder niemals eine Waffe tragen dürfen. Er schaut sich um, vergräbt die Fäuste in den Taschen und beginnt, über den Bürgerkrieg zu sprechen, der ausbrach, als er sechzehn war. Er erzählt von einem Land in Not und unschuldigen Familien, die hart getroffen wurden, er versucht, unberührt zu erscheinen. Kurz darauf entdecken die Hunde, dass ihnen keiner mehr folgt. Sie schnüffeln aneinander, winseln und wirken unsicher, dann rennen sie pfeilschnell los. Als sie die Füße des Vaters erreichen, suchen sie seine Aufmerksamkeit. Er versucht, sie zu streicheln, kommt aber nicht an ihre Schnauzen heran. Dann greift er sich ans Herz, grimassiert.

Draufgänger.

Abgang

Die Generalprobe findet zwei Jahre vor dem Unfall in einem schwedischen Keller statt. Die Zeit: ein Tag Ende August. Der Ort: die Treppe, die zum Sommerhaus hinaufführt. In den Rollen: DER MANN (der Vater), DIE FRAU (die Mutter), zwei SCHÄFERHUNDE (der eine vom früheren Besitzer nach Jack Ruby benannt, der andere mit dem türkischen Wort für »Wächter«, *veli*, getauft), eine TELEFONSTIMME, RETTUNGSSANITÄTER.

DER MANN (ein Grieche) tritt aus der Tür. Er setzt sich gerade einen Khaki-Hut auf. Die Füße stecken in Newport-Sandalen, die Klettverschlussbänder hängen lose.

DER MANN (*ruft*): Bin in einer Stunde zurück!

Er schließt die Tür. Als er den Riegel des Verandators aushakt, winseln und bellen am Fuß der Treppe die SCHÄFERHUNDE. Ihre Freude verleitet ihn dazu, seinen Sandalen keine Beachtung zu schenken.

DER MANN (*lacht*): Wartet, ihr Kläffer, wartet...

Er versucht, sich zu beeilen, tritt jedoch auf einen der Klettverschlüsse, stolpert und fällt kopfüber. Irgendwie reißt er dabei die eine Torhälfte mit. Später wird es heißen, das Poltern habe geklungen wie brechendes Eis. DIE FRAU (eine Österreicherin) rennt hinaus, in der Hand ein Küchenhandtuch.

DIE FRAU (*leise*): Du lieber Gott...

Sie eilt die Treppenstufen hinunter, dreht ihren Mann um, untersucht Kopf, Arme, Beine. Das Gesicht ist blutüberströmt.

Den schwachen Reaktionen nach zu urteilen, steht er unter Schock und ist möglicherweise kurz davor, ohnmächtig zu werden. Sie wischt ihn mit dem Handtuch ab, muss aber auch das Kleid benutzen, um das Blut zu entfernen, das weiterhin von Nase und Kinn rinnt. Die Augen ihres Mannes schwellen zu. Auch an den Händen und Knien blutet er stark. Als DIE FRAU sich vergewissert hat, dass er atmet, lässt sie ihn mit dem Handtuch unter dem Kopf liegen. Sie eilt die Treppe hinauf, dreht sich auf der obersten Stufe um, zögert kurz, die Faust auf den Mund gepresst. Dann geht sie zum Telefon im Haus und wählt die Nummer des nächstgelegenen Krankenhauses.

TELEFONSTIMME: Ja?

Der Hörer wird klebrig, während DIE FRAU erläutert, was passiert ist. Immer wieder stellt sie sich in die Tür und ruft DEM MANN zu, er solle wach bleiben.

TELEFONSTIMME: Wir schicken einen Krankenwagen. Sorgen Sie dafür, dass er bei Bewusstsein bleibt. Aber versuchen Sie bitte nicht, ihn zu bewegen.

Als die Frau zurückkehrt, hört es sich an, als wollte ihr DER MANN etwas sagen. Sie legt seinen Kopf in ihren Schoß, bleibt sitzen. Aus Angst, den Kontakt zu ihm zu verlieren, spricht sie die ganze Zeit mit ihm. Eine Stunde später trifft der Krankenwagen ein. Der Mann, der nicht am Steuer sitzt, steigt aus, wirft seine Zigarette fort, formt die Hände zu einem Trichter.

RETTUNGSSANITÄTER (*ruft*): Die beißen doch nicht, oder?

Er nickt zu den Hunden hin, die auf der Innenseite des Tors hochspringen.

DIE FRAU (*streng*): Rubis! Velis!

Die Hunde trotten zu ihrer Hütte. Ihre Schnauzen sind rot.

Pfui Teufel

Als sich der Vater erholt hat, wird er fotografiert. Auf dem Bild sitzt er aufrecht im Bett, mit einem Verband um den Kopf. Seine Augenhöhlen sind lila und blau, die Wangen von Schürfwunden vernarbt. Im offenen Pyjamakragen sieht man Blutergüsse von der Größe verfärbter Sonnenrosen. Am ehesten ähnelt er Hemingways griechischem kleinen Bruder. Er strahlt, so gut es geht, flucht erleichtert auf Deutsch. Glaubt, das Schlimmste überstanden zu haben.

Unter der Haube

Brenzlige Situationen gibt es vor dem Unfall bei einem Besuch in Schweden eine Reihe. Wenn keine Sandalen Mätzchen machen oder Marmorböden spiegelglatt werden, fällt der Vater stattdessen, wenn er zu nächtlicher Stunde aus dem Bett aufstehen möchte, oder der Duschvorhang gibt nach, als er so lange die Balance zu halten versucht, dass er aus der Badewanne steigen kann. Am schlimmsten sind jedoch die Medikamente. Die Pillen aufeinander abzustimmen ist ähnlich kompliziert wie die Wartung eines Formel-1-Boliden. Es ist eine Sache, die Vorschriften einzuhalten – das kann jeder mit ein wenig Sinn für Ordnung. Eine andere ist es jedoch, die wechselseitige Beeinflussung der Medikamente zu berechnen. Eine Woche funktioniert eine bestimmte Kombination. Die Mutter nimmt die Feinjustierung der Dosierungen vor, sorgt dafür, dass die Pulver zu festen Uhrzeiten eingenommen werden, und betrachtet zufrieden ihr Werk. Plötzlich hat ihr Mann etwas von seiner alten Rüstigkeit zurückbekommen. Mit gespielter Sorge erklärt sie: »Demnächst fängt er noch an zu joggen.« Sie empfindet den gleichen Stolz, den ein Mechaniker verspüren muss, wenn er die letzten Dichtungen angezogen hat und den Wagen aus dem Depot rollen sieht – sanft schnurrend, eine Katze mit V8-Zylindern.

Doch diese Phasen pharmazeutischen Glücks währen selten lange. Bald stottert die Maschinerie von neuem. Der Vater wird träge oder zittrig, der Blutdruck sinkt auf ein alarmierendes Niveau, sein Puls schlägt mal so, mal so. Wieder muss die Ehefrau seine Motorhaube anheben. Mit der Zeit entwickelt sie sich zu einer solchen Expertin, dass sie den Neurologen Ratschläge erteilen kann. Sie mögen zwar mehr über chemische Prozesse und Nomenklatur wissen, aber sie hat die praktische Erfahrung. Da steht sie, die Schirmmütze in den Nacken geschoben und Putzwolle in den Händen, nur auf eines bedacht: bestmögliche Fahreigenschaften.

Schau!

Nach seinem täglichen Spaziergang durch den Garten streckt der Vater ihm eine halbierte Apfelsine entgegen. Der Handteller glänzt von Saft, in der anderen Hand funkelt das Küchenmesser. Seine Freude ist unverfälscht. Hier, nimm!, drängt die Hand. Die Aufforderung enthält ebenso viel Überraschung wie Stolz. Der Sohn denkt, sie soll bedeuten: Sieh, welche Schätze uns die Natur schenkt. Was will man mehr? Fruchtfleisch und Saft! Aber auch: Aus unserem Garten, fast ohne unser Zutun. Du bekommst sie von mir – eine halbe Sonne!

Den Vater zieht es zum einfachen Leben. Papier, Stift und Stille. Brot mit Öl und Tomaten. Tisch und Stuhl in einem Zimmer. Aussicht auf Berge. Aussicht auf das Meer. Oder wie hier: ein halbierter Planet. Das Ideal: frei unter dem Himmel. Das Credo: Ich singe meine Freude.

Im Gegensatz dazu stehen die schlingernden Jahre vom Gymnasiasten mit Tuberkulose während des Bürgerkriegs bis zum Vierkinderpatriarchen in einem Bungalow mit zwölf Haustelefonen und insgesamt neunzig Meter langen Fluren. Er bleibt selten mehr als ein paar Jahre an einem Wohnsitz. Neue Anstellungen, neue Abenteuer. Und lebt konsequent über seine Verhältnisse – nicht aus Leichtsinn oder Dummdreistigkeit, sondern weil er keinen Grund sieht, sich von Hindernissen hemmen zu lassen, die er als läppisch oder beleidigend empfindet. Das letzte Mal schuldenfrei ist er Mitte der sechziger Jahre, zwischen dem zweiten und dritten Kind, und er verschont seine Frau nicht einmal dann mit Gastspielen als Aushilfspersonal in einer nordschwedischen Poliklinik, als er schon die medizinische Fakultät einer neugegründeten Universität in seinem Heimatland aufbaut.

Als der Sohn an diesem Frühlingstag die Apfelsinensafttropfen auf der Veranda sieht, denkt er, dass sie die Spuren im Leben des Vaters nachbilden könnten. Ständige Sprünge von einer Stelle zur nächsten, immer in dem Glauben, dass die Glückseligkeit einen Schritt vorausliegt. Könnte ein Biograph die einzelnen Tropfen verbinden und zeigen, dass er recht behielt? Immerhin erbaut der Vater eine Welt mit wenig mehr als Lust, Fleiß und Ehefrau. Er kehrt ja zu seinen Wurzeln zurück. Und wird eine Erinnerung hinterlassen so stark wie Holz, Schwerkraft, Nachmittagslicht. Doch jede Station auf dieser Reise lässt ihn auch zur Ader. Als er sich schließlich in der Nähe seines Geburtsdorfs niederlässt, bleibt ihm nicht mehr viel Kraft. Oder Zeit.

Dennoch wird er ständig von Plänen angetrieben – eigenen und denen anderer. Wenn es nicht um die Grundstücke geht, die für die Kinder gesichert werden sollen, müssen Pflanzungen angelegt oder Bücher geschrieben werden. Dennoch bleibt das liebste Gesprächsthema für ihn die Frage, wie man die Voraussetzungen für das begehrteste Gut von allen begehrten Gütern schafft: Ruhe und Frieden. Mit einer solchen Aufgabe konfrontiert, kann der Vater sich niemals genug anstrengen. Seine Freude kennt keine Grenzen – und wird geteilt. Buchstäblich. Halbiert, aber gemeinsam bedeutet sie, dass keiner vor seinem Enthusiasmus sicher ist.

»Schau!«

Die andere Hälfte

Der Vater ist kein verschwiegener Mensch. Er vertraut sich gerne an und verfügt außerdem über eine gut ausgeprägte Fähigkeit, Menschen für seine Pläne und Interessen zu begeistern. Mal schürt er Erwartungen, mal verlässt er sich auf Mitgefühl. Aber im Grunde geht es um Begeisterung. Er handelt immer in der Überzeugung, dass man seine Kräfte einem gemeinsamen Projekt widmet. Keiner ist glücklicher über die Freude anderer als er. Und keiner mehr überrascht, wenn sich am Ende trotz allem herausstellt, dass der Aussichtsturm, der gebaut wurde, oder der schwedische Pass, der in der Schreibtischschublade liegt, tatsächlich ihm gehört.

Später wird der Sohn darüber nachdenken, wodurch der Vater andere Menschen dazu bringt, über sich hinauszuwachsen, wenn sie ihm helfen. Und sich vorstellen, dass dies auch mit Verschwiegenheit zusammenhängt. Nicht in dem Sinne, dass er anderen absichtlich Informationen vorenthalten würde. Wie die meisten Menschen zieht er eine Grenze zwischen dem Privaten und dem Persönlichen – schon allein aus Taktgefühl. Gleichwohl gibt es da etwas in seiner Art, was zu Loyalität verlockt. Je länger der Sohn darüber nachsinnt, desto mehr ist er überzeugt, dass das vom Vater ausgelöste Wohlwollen auf Dingen beruht, die er vermeidet, ohne sich dessen bewusst zu sein. Dieses Unwissen umgibt ihn mit einem selbstverständlichen Glanz, eine unausgesprochene Dimension, die deshalb so attraktiv wirkt, weil sie nicht künstlich ist. Der Vater scheint von einem Nimbus umgeben zu sein, der sich berühren lässt, und von dem sich fremde Menschen bereitwillig anziehen lassen – nicht um sich in seinem Glanz zu sonnen, sondern um zu ihm beizutragen. Seine andere Hälfte besteht aus dem Vertrauen der Menschen zum Unausgesprochenen. Nicht zuletzt in ihnen selbst.

Ein Foto

Eines Tages findet der Sohn zwischen den Seiten eines Lehrbuchs für Gymnasiasten ein Foto mit gezackten Rändern. Die Aufnahme ist nicht größer als eine Spielkarte. Einige der Zacken sind abgebrochen und das Bild ist in der Mitte geknickt worden, so dass von oben bis unten ein gelblich weißer Riss verläuft. Abgelichtet sind zwei Jungen, sechs oder sieben Jahre alt, schmal wie Streichhölzer, die mit erstaunlich großen Knien vorgebeugt stehen. Ihr Lachen erinnert an Baumwipfel, die geschüttelt werden – voller Wind und Unbändigkeit. Die Jungen sind nur mit Badehosen bekleidet, bei beiden zwei Nummern zu groß. Der eine hat einen Nabel so tief wie ein Fingerhut, der andere eine glänzende Wunde auf dem Schienbein. Ihre Haare sind feucht und zerzaust, die Morgensonne scheint ihnen ins Gesicht, beide haben einen Schneidezahn verloren. Sie stehen auf etwas, was eine Klippe oder ein Steinblock sein könnte, ihre Zehen bohren sich in den rauhen Untergrund wie zwanzig feine, kleine Krallen. Einen Arm haben sie um die Schultern des Freundes gelegt, den anderen halten sie hoch – mit geballter Faust und entschlossen. Der Körperhaltung nach zu urteilen wollen sie gerade zu zweit ins Wasser springen.

So sehen Freunde fürs Leben aus, denkt der Sohn. Wenn er blinzelt, verwandeln sich die Jungen in einen fülligen Menschen, wenngleich mit der doppelten Anzahl von Beinen und Köpfen. Der Riss in der Mitte des Bildes trennt die beiden allerdings. Als er das Foto behutsam knickt, um nachzusehen, deutet allein die fremde Hand auf der jeweiligen Schulter an, dass der Abgebildete

nicht allein ist. Diese Hand erinnert an eine Epaulette. Als gäbe eine unsichtbare Macht, sechs oder sieben Jahre alt, aber dennoch ewig, den Dienstgrad FÜNF FINGER an – den höchsten Grad der Freundschaft zwischen Jungen.
Einer der beiden wird ein Vater werden.

Synonymwörterbuch

Agóri, jiós, adelfós, fílos, Paarspringer, Freiheitskämpfer, Ärmster, Gymnasiast, Bluthustender, Flüchtling, *étudiant*, Untermieter, ordentlicher Hörer der Wiener Universität, Freund, griechisches Schwein etc., Liebling, Zugreisender, der erste Grieche, Spüler, Aufs-Neue-Bluthustender, Sanatoriumspatient, Untermieter bei Karin Boyes Witwer, *invandrare*, Student, cand. med., Ehemann, Schwiegersohn, Schwager, Übersetzer, Dichter, Aushilfsprovinzialarzt, Vater, Dr. med., Chirurg, Bauherr, *thíos*, Schuldner, *svensk medborgare*, Micke, Sozialmediziner, stellv. OA, OA, Flottilleadmiral, Priv.-Doz. Dr. med., Kredithai-Geldempfänger, Prof., Großvater väterlicherseits, Dekan, Rektor, politisch unabhängig, *danizómenos*, Großvater mütterlicherseits, Mr. Parkinson, Rentner, Emeritus, *afendikó*, Der alte Mann und das Meer, Herr Demenz, Schwedenbesucher, Unfall, Bett 4, Zimmer 5, der Gesterbte –

Eine Armlänge entfernt

Das Talent des Vaters, den Weg in andere Menschen zu finden, zu Stellen, an denen sie nicht fertig sind, sondern gewillt, sich zu verändern, ist vielfach bezeugt. Männer oder Frauen, die Reaktionen gleichen sich. Auch viele Jahre nach seiner Rückkehr in die griechische Heimat, der drei Jahrzehnte im Ausland vorhergingen, werden sich flüchtige Bekannte daran erinnern, was er gesagt oder getan hat. Fast immer geht es um Zeichen unerwarteter Fürsorglichkeit, eine kühne Tat, ein charismatisches Auftreten – es ist, als wolle er mit ihnen gemeinsam das Dasein feiern. Viele Anekdoten sind komisch. Entweder setzt er sich mit verschwörerischem Enthusiasmus über die gesellschaftlichen Konventionen hinweg. Oder er versteht sie nicht, was der Erinnerung an die unfreiwilligen Situationen, in die er gerät, eine zärtliche Färbung verleiht.

Ein Mann, bei dem der Vater studiert hat, erzählt, dass er ihn eigentlich durchfallen lassen wollte. Doch der griechische Jüngling mit den Sprachproblemen versicherte ihm, er habe den Stoff auf Deutsch gelernt. Nun wolle er doch zu Protokoll geben, dass es wesentlich schwieriger sei, die Zusammenhänge der inneren Organe in einer solchen Sprache zu lernen als auf Schwedisch. Außerdem werde dieses Idiom nach wie vor zu den Weltsprachen gezählt. Schulterzucken. Das war nun wirklich nichts, was der Student ändern konnte. Lachend erzählt der Mann, der selbst kein Deutsch spricht, dass er ihn bestehen ließ. »Nicht dass er gelernt gehabt hätte, aber fleißige Ärzte mögen zwar ein ruhiges Gewissen haben, doch gute haben Chuzpe.«

Es ist schwer zu sagen, woher dieser Mut kommt, der sich zudem mit Frechheit vermischt. Vermutlich handelt es sich um eine Überlebensstrategie. Ohne Familie oder Bekannte, Geld oder Position kann sich der Vater nur auf sich selbst und seine Einfälle verlassen. Niemand wird ihn retten, wenn die Sache schiefgeht. Dabei ist sein Handeln jedoch selten berechnend. Er bereichert sich nicht und schwindelt auch nicht auf Kosten anderer. Und glaubt stets selbst den Beteuerungen, die in schwedischen Ohren typisch ausländisch klingen müssen, wie an Lügen grenzende Übertreibungen – zumindest bis das Behauptete unter die Lupe genommen wird und sich herausstellt, dass es schlichtweg nicht zutreffen kann. Dann lacht er und erklärt, dass es aber hätte zutreffen *können*. Von da aus ist der Schritt nie mehr weit dazu, dass es bald zutreffen wird. Warum soll man sich also nicht schon jetzt darüber freuen? Das Ziel der Träume liegt nahe, im Grunde nur eine Armlänge entfernt.

Für den Vater bleibt das Mögliche Teil des Wirklichen. Nur weil ein Wunsch Wirklichkeit geworden ist, verliert es nicht seine Gültigkeit. Sonst lassen sich die konkreten Umstände niemals korrekt beurteilen. Das Mögliche umgibt jeden Sachverhalt mit einem Strahlenglanz, der selbst ein blutendes Minus auf dem Konto in etwas Hoffnungsvolles im Stile eines errötend unfertigen Plus zu verwandeln vermag. Umgekehrt gibt es ohne Kenntnis der Fakten kein Fundament, auf dem man sicher stehen könnte. Das Haus seiner Träume baut man nicht auf Sand. Ohne Rücksicht auf reale Verhältnisse würden, wie er weiß, die Gerüste wackeln, würde sich das Dasein verflüchtigen. Dennoch geht er nie von Verhältnissen aus, die den Handlungsspielraum einschränken, sondern immer vom Verheißungsvollen, das ihn erweitert. Auf die Art werden die Möglichkeiten sowohl Quelle als auch Horizont des Wirklichen.

Der Sohn fragt sich: Besteht der Trick darin, das eine wie das andere zu behandeln? Kann vielleicht nur dann die Ursache den Platz mit der Wirkung tauschen, und das Leben als ein Schicksal erscheinen, das man selbst bestimmt?

Vokabelliste über ein Wort

Im Umgang mit Unbekannten wird er »Vater« genannt, im Gespräch mit Verwandten ist er *patéras*, gelegentlich *far*. In Zusammenhängen, die etwas bedeuten, heißt er jedoch immer »Papa«.

Lange ist der Sohn unfähig, das Wort außerhalb der Familie zu benutzen. Es erscheint ihm verletzlich, sogar kindisch, als markierte es die Grenze dessen, was Außenstehende nichts angeht. »Papa« ist ein Wort, das nach innen weist. Wer käme auf die Idee, die Fassaden seines Hauses mit Tapeten zu verkleiden? Dennoch erscheint es ihm nach seinem Tod unmöglich, ein anderes Wort in den Mund zu nehmen. »Vater« kann irgendein beliebiger Mann sein, »Papa« nur eine Person. Das Wort versichert, dass er noch da ist, zumindest als »Papa«.

Trotzdem geschieht etwas. Langsam wird den Buchstaben das Leben entzogen – werden sie dünner, raschelnder, gleichsam platt.

Oh, Papierpflege.

Bodenbelag

Nach einem Umzug werden als erstes nie die Möbel aufgestellt oder Teppiche ausgerollt. Als erstes werden immer die Bilder aufgehängt. Die Mutter lacht resigniert, als sie von den ersten Stunden unter einem neuen Dach erzählt. Ihre Stimme wird wehmütig, als sie erklärt, dass ihr Gatte nicht in der Lage ist, zunächst die Grundlagen zu legen. Ausgerüstet mit Hammer und Nagel marschiert er von einem Zimmer zum nächsten – bis sämtliche Wände bedeckt sind. Dafür hat er alle Zeit der Welt. Manchmal wird er erst tief in der Nacht fertig. Die Familie schläft bei beharrlichem Hämmern ein. Ist er nur ungeduldig und will dafür sorgen, dass ihr Zuhause rasch fertig wird? Oder geht es ihm darum zu markieren, dass fremdes Territorium in seine Hände übergegangen ist – wie der Entdecker, der seine Flagge in etwas stößt, was Packeis oder Treibsand sein mag? Hauptsache, er kann Anspruch auf den neuen Ort erheben.

Der Vater hat seine eigene Antwort auf die Frage des weisen Inders: »Jetzt haben wir die Wände, aber wo ist das Dach?« Sie lautet: »Hier sind die Wände, hier ist das Dach. Zeit für den Fußboden.«

Der Boden, das ist die Domäne der Mutter.

Erste Thesen über ausländische Väter

XL. Ein ausländischer Vater ist immer größer als groß.

XXXIX. Lache ruhig über einen ausländischen Vater. Aber nur in seiner Gesellschaft und wenn keine einheimische Person anwesend ist.

XXXVIII. Glaube einem ausländischen Vater immer, wenn er erklärt, die Namen von Blumen, Vögeln oder Bäumen nicht zu kennen.

XXXVII. Dito Beeren, Pilze und alles, was Automotoren betrifft.

XXXVI. Der Handteller eines ausländischen Vaters ist größer als der Himmel über euch.

XXXV. Bedenke, dass auch ein ausländischer Vater ein Sohn ist. Wenn er es nicht mehr ist, dann ist er es gewesen. Es gibt nicht viele ausländische Väter, die diesem Tempusunterschied Bedeutung zumessen würden. Vielleicht keinen.

XXXIV. Denke dir den Haarwuchs an Armen und Beinen fort, denke dir die Satzmelodie und falsch plazierte Pronomen fort. Denke dir die Schwäche für Knoblauch, Tomatensauce und extrem süßes Backwerk fort. Ein ausländischer Vater ist trotzdem immer ein ausländischer Vater.

XXXIII. Niemand riecht wie ein ausländischer Vater.

XXXII. Taufnamen reichen einem ausländischen Vater nicht. Deshalb ersinnt er andere – »Kläffer«, »Berija«, »Dr. Lesebuch« ... Gelegentlich ist es nicht leicht zu entscheiden, ob es sich um Kose- oder Schimpfnamen handelt. Dann muss ein ausländischer Vater umformulieren. Aus »Berija« wird beispielsweise »Bert«.

XXXI. Wenn ein ausländischer Vater ein Kind im Schlaf weinen hört, legt er sich zu ihm ins Bett und singt mit dem Gesicht zwischen dessen Schulter und Hals frei erfundene Lieder. Wenn das Kind erwacht, liegt ein ausländischer Vater oft noch da. Dies gilt auch, wenn ein ausländischer Vater ein ausländischer Großvater geworden ist.

XXX. Ein ausländischer Vater beherrscht die lokale Nationalhymne nicht. Ein ausländischer Vater zögert lachend, wenn er die Nationalhymne seines eigenen Heimatlandes vortragen soll. Es kommt vor, dass ein ausländischer Vater einige der Zeilen aus der Luft greift. Es kommt auch vor, dass er wütend wird, wenn man anzweifelt, dass es sich um den Originaltext handelt. Dann hält ein ausländischer Vater auch schon mal den Telefonhörer hoch und fragt, ob er wirklich seinen Bruder, den früheren Royalisten, anrufen soll.

XXIX. Für einen ausländischen Vater ist die Anpassungsfähigkeit seiner Kinder ein Quell des Jubels, aber auch von Flüchen. Jede Probe davon zeigt, dass er erfolgreich gewesen ist, jede Probe davon zeigt, dass er gescheitert ist.

XXVIII. Einem ausländischen Vater fällt es schwer zu verstehen, dass die Auffassungen seiner Kinder das Heimatland betreffend von seinen eigenen abweichen können. Ein ausländischer Vater hegt den Verdacht, dass ein neues Land womöglich eine Bedrohung für das alte bedeutet. Ein ausländischer Vater fordert deshalb Beweise ihrer Loyalität. Ein ausländischer Vater erkennt nicht immer, dass solche Forderungen die entgegengesetzte Wirkung haben können. Wenn er es jedoch tut, weiß er nicht, was er machen soll. Dann empfindet er Trauer. Einem ausländischen Vater ist niemals bewusst, dass diese Trauer für seine Kinder zur schwerwiegendsten Forderung werden kann.

Ärmster

Die Familie des Vaters ist voller teilweise komplizierter Verzweigungen. Außerdem werden sie gänzlich undurchschaubar, sobald man drei Generationen zurückgeht. Da gibt es väterlicherseits Männer, die ihre Familien in den Bergen der südlichen Landesteile verlassen und an der Küste neue gründen. Da gibt es die Androhung von Vergeltung und andere Männer, die eine Generation später aus dem Gefängnis entlassen werden und plötzlich mit Pistolen in den Händen vor Dorfhändlern stehen. Da findet man Verwandte mütterlicherseits, die dazwischengehen und es schaffen, die Verwandten väterlicherseits zumindest so weit miteinander zu versöhnen, dass keine Schüsse fallen. Da gibt es böse Blicke. Da findet man einen Cousin und eine Cousine, die Kinder der Vermittler sind, und für den Vater wie Geschwister werden. Da gibt es den Jungen, mit dem er von einer Klippe springt. Da findet man das Mädchen, das in ihm den Bruder sehen wird, den sie verlieren wird. Da gibt es die Mädchen, die sie bekommt und in deren Zimmern die Söhne des Vaters in ihrem ersten Sommer im Heimatland schlafen werden. Da findet man die schwarzen Kleider, die von der Mutter der Mädchen getragen werden, und ein Gesicht wie aus feinem, zähem Leder. Da gibt es die Ruhe in ihren Bewegungen und den Geruch von Minze. Da findet man den Rheumatismus, über den sie klagt, wenn sie die Treppenstufen zur Veranda hinaufsteigt.

Da gibt es die Plastiktüten mit Zwiebeln und Weintrauben, die sie in der Küche abstellt. Da gibt es die Finger, die an dem Kreuz um ihren Hals nesteln, wenn sie auf die Veranda zurückkehrt und sagt, na schön, dann nimmt sie eben eine Tasse mit zwei Löffeln Zucker. Da gibt es die Hand, die sie über die Wachstuchdecke hinweg ausstreckt, und die Hand, die sie in ihre nimmt, wenn sie den kranken Vater streichelt. Da gibt es die Finger, über die sie streicht, langsam, aber sorgsam, und da gibt es ihren Blick so warm wie Sonnenrauch. Da gibt es eine Süße wie Pfirsichfleisch in den Worten, die sie ausspricht: »Ärmster, du Ärmster ...«

Franz Hitler

Mitte der neunziger Jahre wird die Diagnose gestellt. Zu diesem Zeitpunkt hat das geschulte Auge des Vaters die Symptome bereits gedeutet. Einige Jahre versucht er, die Krankheit vor Angehörigen und Bekannten zu verbergen. Nur seine Frau ist eingeweiht. Als der Name schließlich fällt, ist es dennoch, als würde endlich ausgesprochen, was alle ahnten. Im Laufe der Zeit hat das Geheimnis aufgehört, eines zu sein. Erleichterung breitet sich aus, nun kann man handeln.

Auch wenn ständig diskutiert wird, welche Maßnahmen ergriffen werden müssen, und sich alle anbieten, die Lebenssituation zu erleichtern, die sich am Horizont abzeichnet, wird die Mutter die Hauptverantwortung schultern müssen. Ihr Mann blättert in der Roten Liste, scheint mit den Beschreibungen darin jedoch nur selten einverstanden zu sein, während sie konkrete Informationen bei Spezialisten einholt und nach und nach alles über Nebenwirkungen und Krankheitsverläufe lernt. Sie stellt Tablettenschemata auf, kümmert sich um die richtige Ernährung und löchert die Neurologen mit einem Strom von Fragen. In den letzten fünfzehn Jahren seines Lebens ist sie nicht nur Ehefrau und Sekretärin, sondern auch Krankenschwester. Vierundzwanzig Stunden am Tag, sieben Tage in der Woche kreist das Dasein um ihren Mann. Tagsüber hilft sie ihm aufzustehen, rasiert ihn, wäscht ihn und zieht ihn an, kocht, surft im Internet, um die neuesten Forschungsergebnisse zu erfahren, hält Kontakt zu Freunden und Bekannten, versorgt ihn mit Zeitungen und Büchern, Papier, Stiften und Ordnern, kontrolliert Puls und Blutdruck, erinnert ihn an seine Tabletten, ruft die Kinder an, bügelt seine Hemden und wienert seine Schuhe, putzt die ewig verschmierte Brille, befestigt das Küchenhandtuch mit Wäscheklammern am Hemdkragen, wenn er essen soll, zerdrückt das Essen, füttert ihn ...

Und in den Nächten wechselt sie die Laken. Häufig mehrmals.

Wenn die Mutter nach der Siesta Tee und Zwieback serviert, die Kissen im Rücken zurechtrückt und Sorge trägt, dass der Vater seine Pulvergötter schluckt, schüttelt er mitleidig den Kopf, während sie um ihn herum für Ordnung sorgt: »Hitler, Hitler.«

»Michael ...«, sagt sie warnend, als sie mit benutztem Geschirr hinausgeht.

»Franzl«, fügt er hinzu. Lächelnd.

Der Schwerpunkt

Wenn der Vater seine Frau mit Tassen und Untertellern hantieren sieht, kann er sich scherzhafte Bemerkungen nicht verkneifen. Beide wissen jedoch, dass sie zärtlich gemeint sind. Als ihre Ehe noch jung war, mochte die Mutter diese verdrehten Bekundungen seiner Zuneigung nicht. Gab es keine direktere, weniger schmälernde Art, seiner Liebe Ausdruck zu verleihen? Die Formulierungen hatten so wenig mit der Person zu tun, die er, wie sie doch wusste, eigentlich war. Im Laufe der Jahre hat sie jedoch gelernt, dass ihr Mann es nicht böse meint. Oder nicht anders kann. Mittlerweile liest sie ihn wie ein offenes Buch, dennoch überrascht es sie, wie erfinderisch er ist. Wenn er in seiner eigenwilligen Sprache nicht meint, dass sie an die Gardinen klettert, findet er, dass sie eine Uhrmacherwerkstatt eröffnen sollte, so präzise, wie sie alles handhabt. Sie weiß, dass seine Übertreibungen in die eine Richtung auf ihre Zuverlässigkeit in der anderen reagieren. Wenn er sie »Hitler« nennt, preist er ihre Fürsorglichkeit. Wenn er meint, dass sie Kies im Herzen hat, deutet er an, sie solle nicht traurig sein. Sogar an Tagen, an denen eine Wolke ihr Leben verdüstert, spürt sie die Wärme in seinem Inneren. Die Bekundungen ihres Mannes sind nicht nur umgekehrte Formen von Wertschätzung, sondern erfinden ihre Beziehung neu.

Sechs Jahrzehnte lang schenken seine Zärtlichkeitsbeweise der

Mutter die Gewissheit, dass sich das Gleichgewicht herstellen lässt. Als Haus mag ihr Mann das höhere sein, aber sie hat die größere Breite. So finden sie dort einen Schwerpunkt, wo sie ihn in ihrem Heim haben möchte: auf Höhe des Türschlosses.

Waagschalen

Wenn der Vater nachdenklich wird, wiegt er Gewinne und Verluste gegeneinander auf und erkennt, dass seine Frau im Laufe der Jahre einiges aufgegeben hat:
1 Heimatland
1 vielversprechende Karriere als Künstlerin
1 feste Anstellung
1 frisch eingerichtetes Atelier
10–15 Wohnsitze
1 Galerie
1 neues Heimatland
Zum Beispiel. Der Vater denkt auch an so manches Versprechen, so manches Vertrauen, das in diesen Jahren auf der Strecke geblieben ist, und spürt sein Herz anschwellen und brennen. Mehr als ihm lieb ist.
Als die Mutter nach der Siesta erwacht, hat er den Essenstisch mit Kerzen, Kristallgläsern und dem feinsten Besteck gedeckt – obwohl es erst halb sechs ist und die Sonne sticht. Als sie aus dem Schlafzimmer herunterkommt, bindet er sich gerade die Krawatte um. Warum sollen sie nicht feiern, dass fünfzig Jahre, zehn Monate, drei Tage, achtzehn, nein, neunzehn Stunden und eine Reihe ungezählter Minuten vergangen sind, seit er jemanden an die Tür seines Zimmers in Wien klopfen hörte und eine der Kunststudentinnen, die gerade bei seinem Bruder zu Besuch waren, erklärte, sie habe gehört, der Medizinstudent möge Rilke, und nun wolle sie fragen, ob dies wahr sei?

Als sich die Mutter setzt, denkt der Vater, dass sie fast alles aufgegeben hat. Aber niemals die Waage, die sie offenbar schon in sich trug, als sie sich das erste Mal begegneten. Er fährt sich mit der Zunge über die Lippen. Nicht dass er begreifen würde, wie sie das anstellt, aber irgendwie gelingt es ihr nach wie vor, es so einzurichten, dass sich beide Schalen die Waage halten.

Fünf Faden tief

Als der Sohn zum ersten Mal die Zahnprothese sieht, ist er wie verzaubert. Sie schwebt in einem halbvollen Wasserglas, gleichsam eine Nummer zu groß, knochenweiß und rosa wie Blütenblätter. Er studiert die dritten Zähne des Vaters wie andere den Inhalt von Reliquiaren. Mit ebenso viel Verblüffung wie Zweifel, Überraschung wie Protest. Vor allem jedoch: mit wachsendem Glauben. Was immer das sein mag, so hat es doch existiert – und existiert offensichtlich noch immer. Das Glas auf dem Nachttisch enthält ein uraltes marines Wesen, das leicht angewinkelt zum Universum schimmert. Bedarf es mehr, um eine Kirche zu stiften? Wachsendes Staunen und eine Schöpfkelle Meerestiefe, Relikt aus einer früheren Epoche der Evolution und das Gefühl zarten, hartnäckigen Lebens?

Der Vater sitzt auf der Bettkante. Zerknitterter Pyjama, eingefallene Wangen. Sucht mit den Füßen nach seinen Pantoffeln, wird unerwartet schüchtern, als er den ersten Proselyten sieht.

Kein Mensch ist eine Insel

Im letzten Jahr, in dem der Vater noch gehen kann, ohne betreut werden zu müssen, teilt er seiner Gattin mit, dass er im Park auf der anderen Straßenseite spazieren gehen möchte. Im Winter wohnen die beiden in Athen, und er flaniert gerne zwischen den Pinienbäumen und Platanen gegenüber. Seine Frau bereitet gerade das Mittagessen vor. Erst als sie den Tisch deckt, wird ihr bewusst, dass er nicht zurückgekehrt ist. Hastig streift sie sich den Mantel über und verlässt das Haus. Eine Stunde braucht sie, um ihn zu finden. Das Dopamin wirkt nicht mehr. Schweißgebadet und verwirrt steht der Vater auf einer Verkehrsinsel mitten in einer der meistbefahrenen Avenuen. Und weiß weder vor noch zurück.

Intermezzo

EIN SOHN: Es geht schleppend voran, aber ich habe vor, mich zurückzuarbeiten. Jedes neue Tableau wird ein Schritt – ein Jahr, ein Atemzug – zurück zu der Zeit, bevor du Papa wurdest. Das Ende wird dein Anfang sein. Dies ist ein Rückwärtsgesang.
DER GESTERBTE: Wozu soll das gut sein?
EIN SOHN: Ich will dich doch retten! Dich zu einem Menschen machen, der nicht Papa ist und deshalb auch nicht als Papa sterben kann.
DER GESTERBTE: Aber ich will Papa sein. Es gibt nichts Besseres.

Besser!

Im Gegensatz zum gesitteten, praktisch fehlerfreien Schwedisch der Mutter ist das des Vaters überbordend und unsicher, aber auch einfallsreicher. Er mag Synonyme, amüsiert sich dabei, bildliche Ausdrücke wörtlich zu nehmen und glänzt mit der Zeit in einem Idiom, das seinen Kollegen in den Ohren weh tun muss. Geht es nicht eine Nummer kleiner? Häufig benutzt er Kraftausdrücke, die er direkt aus dem Griechischen importiert. Ein solcher lautet

»Du schwellst mir den Hoden!«. Die Phrase sagt im Grunde alles über seine Einstellung zur neuen Sprache. Schwedisch zu sprechen bedeutet, seinen Willen zur Steigerung, zur Expansion Ausdruck zu geben. Vielleicht sollte der Sohn sagen: zur Erhebung. Aber er zieht es vor, von Unbeugsamkeit zu sprechen. Der Vater versteht nie, dass es auch Vorteile haben kann, Maß zu halten.

Wenn der Sohn in späteren Jahren anruft, um sich zu erkundigen, wie es ihm geht, erfährt er: »Besser!« Die Antwort ist eine Erinnerung daran, dass der Vater nicht aufgibt. Letztlich geht es ihm immer besser, ohne dass er jemals gesund werden würde. Die Steigerung trägt den Fall, wie ein Kind.

Anatomielektion

Der Vater besteht aus vielem, was einheimische Väter auch haben. Darüber hinaus gibt es jedoch Stellen an seinem Körper, die seine fremde Herkunft verraten:

DIE AUGENBRAUEN. Bei schwedischen Vätern existieren die Augenbrauen in doppelter Ausführung – wie Ohren oder Brustwarzen. Beim Vater hängen sie dagegen zusammen. Tatsächlich muss der Sohn von ihnen im Singular sprechen. Über den Augen zeichnet sich ein Horizont aus Haaren ab, samten wie gelecktes Katzenfell, ehe er deutlich sichtbar in die Schläfen übergeht. Der Linie fehlt Anfang und Ende. Die Senke in der Mitte verleiht ihr allerdings etwas Vertrautes, sogar Intimes. Hier ruht ihr zerbrechliches Zentrum, die Verankerung für die Kurven, die sich wie Schwingen mit langen, schleifenden Flossen wölben.

Wenn sich der Vater ereifert oder hinter dem Rücken eines anderen scherzt, steigt der Horizont um zwei Zentimeter. Die Landhebung legt die Augen frei, die plötzlich zu schweben scheinen. Jetzt kann alles passieren. Ab und zu geschieht jedoch das Gegenteil. Wenn sich der Horizont senkt und in Falten legt, stauen sich

Gewitter im Blick. Wenn man weiß, was gut für einen ist, zieht man sich schnell zurück oder feilt schleunigst an einer Verteidigungsrede. In seltenen Fällen trifft das seltsamste von allem ein: Während der eine Teil des Horizonts in die Höhe schießt, senkt sich der andere und schnurrt zusammen. Dann zeichnet die Linie den Verlauf eines unsteten Aktienkurses. Jetzt gibt es keinen zuverlässigen Weg, die Situation zu deuten. Die Welt spielt gerade verrückt.

In den letzten Jahren ergraut der Horizont. Von Zeit zu Zeit stutzt die Mutter die strohigen Haare, was die Linie immer schwedischer macht. Die Stelle, an der die Brauen zusammenlaufen, lichtet sich, am Ende hat auch der Vater zwei. Auf dem Handtuch über seiner Brust schimmern weiterhin die Haare, ein verstreuter Schatz aus Silber.

DIE OHRLÄPPCHEN. Es lässt sich nicht leugnen: Die Ohren des Vaters sind groß. Die Ohrmuschel hat die Größe der *f*-förmigen Löcher einer Kindergeige, der Gehörgang ist tief wie ein Krater. Seit einer der Söhne versucht hat, diese Tiefe mit einem Bleistift zu vermessen, wird jedoch niemandem mehr erlaubt, deren Geheimnisse zu erforschen. Am größten sind allerdings die Ohrläppchen. Daumenbreit scheinen sie immer weiter zu wachsen und zu wachsen. Wenn die Kunsthandwerker im antiken Anatolien auf einem Reiskorn Platz für eine Hymne an die Schöpfung fanden, würde ein Geduldiger die Ohrläppchen des Vaters mit zehn Geboten füllen können. Niemand vermag zu sagen, welche Religion er zu stiften gedenkt, aber alle wissen, dass er mit Hilfe seiner Mosestafeln aus Haut das Gleichgewicht hält.

DAS KREUZ. Der Rücken des Vaters ist ungewöhnlich lang, wodurch die Hüften herabgerutscht wirken. Außerdem ist er gerade und straff, so dass er einer Säule ähnelt. Er geht stets, als hätte er mehr auf der Vorderseite des Körpers als auf der Rückseite. Seine Haltung vermittelt ein Gefühl von Zuverlässigkeit, ähnlich einem Kirchenstuhl. Auf Schultern und Schulterblättern sieht man Narben, die er davongetragen hat, als er in Kinderzeiten einem älteren Bruder zu entkommen versuchte, dann aber stolperte und in glühende Kohlen fiel. Ansonsten ist sein Rücken glatt und erstaunlich weich. Erst am Ende der Wirbelsäule passiert etwas. Aus dem Hosenbund klettert krauses Haar, das sich im Kreuz verdichtet. Die lichte Oase erinnert an südlichere Gefilde und fremde Vegetation.

DAS GESCHLECHT. Der Beutel zwischen den gewölbten Oberschenkeln ist prall und gerundet, eigentlich weder zu eng noch zu groß, schlicht perfekt. Er wird immer dann sichtbar, wenn sich der Vater vor dem Badezimmerspiegel die Zähne putzt, ein Satyr in den Siebziger-Jahre-Unterhosen von Eminence.

DIE FERSEN. Die Füße des Vaters zieren keine eleganten Flügel und den Fersen fehlen auch die Abdrücke von Handgriffen einer Mutter. Im Gegenteil, sie haben mehr mit Bauern als mit Göttern oder Halbgöttern zu tun. Die Fersen schieben sich eine Spur nach hinten, als wünschte er, den Schwerpunkt auf einer größeren Fläche als erforderlich zu verteilen. Im Grunde sind sie wandelnde Brückenpfeiler. Dadurch braucht er sich niemals breitbeinig ins Leben zu stellen. Auch in Bewegung steht er fest.

Ein Maestro verneigt sich und spricht

An einem Frühlingsnachmittag trifft der Sohn vom Flughafen kommend mit dem Taxi ein. Er bleibt mit seinem Koffer für einen Moment auf dem Bürgersteig stehen. Es ist Anfang April, das Wetter ist schon unterwegs in den Sommer. Hinter ihm klappert in einem jener Straßencafés in Athen, die die Modernisierungsversuche dreier Generationen überlebt haben, ein Kellner mit Gläsern und Tassen. Der Name, der noch in kursiver Schrift auf einem Neonschild prangt, weist auf Abkühlung, Eleganz, schier endlose Mengen von Zeit hin. *Green Park*: Am Eingang zu der Anlage müssen griechische Earls und Komtessen ihren Fünf-Uhr-Tee genommen haben, während das Orchester in der Kapelle Händel spielte.

Der Sohn atmet den Geruch von Vegetation und Abgasen ein. Die späte Nachmittagsluft ist lau, gleichsam glitzernd, voller Verheißungen. Dann lässt er den Blick über die Straße und an dem Gebäude hinauf schweifen, in das die Eltern erst kürzlich, nach der Pensionierung des Vaters, gezogen sind. Früher war dies eine ruhige und noble Adresse, hier wohnten Familien, die das gesellschaftliche Leben der Stadt prägten und ihre Kinder auf Schulen in England schickten. Heute wird die Straße von Autos gesäumt. Auf seiner Seite halten Busse, die aus der Stadt hinausfahren, etwas weiter entfernt gibt es ein paar Zeitungskioske und einen Sportplatz. In manchen Seitenstraßen wechseln sich Copyshops ab mit Etablissements, deren rote Laternen bei Einbruch der Nacht eingeschaltet werden. Die nächste Parallelstraße ist eine breite, von Geschäften gesäumte Avenue, die an den Museen und der Technischen Hochschule vorbeiführt. Aus dem früheren Reservat ist ein Durchfahrtsgebiet geworden.

Während der Sohn nach der richtigen Wohnung sucht – überall leere Balkone, herabgelassene Jalousien –, nimmt er aus den Augenwinkeln Bewegungen wahr. Anfangs beachtet er sie nicht weiter, aber als das Hupen immer lauter wird und die Autos blinken wie eine wütendrote Partybeleuchtung, dreht er sich um. Hundert Meter weiter steht mitten auf der Straße der Vater. Er hat gerade die Zeitungen aufgehoben, die ihm wohl heruntergefallen sind, als er sich zwischen den Fahrzeugen hindurchzuschieben versuchte. Nun verneigt er sich den Autofahrern zugewandt wie ein Dirigent, als wollte er ihnen, die Arme voller Notenblätter, für ihre Mitwirkung danken. Dann schreitet er zur anderen Straßenseite hinüber – unerwartet würdevoll, fast nachdenklich. Anschließend geht er zielstrebig, aber übertrieben energisch, wie ein Tänzer, den Bürgersteig hinab. Als er mit dem Fuß das Tor zu dem kleinen Garten vor dem Wohnhaus aufstößt, sieht er den Sohn nicht. Erst als er seinen Namen hört, dreht er sich um. Er küsst den Neuankömmling auf die Wangen, dabei mehr schlecht als recht bemüht, die Wochenendbeilagen zu ordnen. Dann tritt er einen Schritt zurück und mustert ihn.

»Die Erinnerung macht den Geliebten kleiner. Wie groß du geworden bist.«

König Dopamin

In der Nacht wird der Sohn von Lärm geweckt. Es klingt, als würden in einem unbekannten Gesellschaftsspiel Einmachgläser hin und her geschoben. Ab und zu scharrt ein Stuhl. Als der dritte oder vierte Versuch, wieder einzuschlafen, gescheitert ist, geht er in die Küche, um nachzusehen. Es ist drei Uhr nachts. Der Vater sitzt auf einem Stuhl vor dem offenen Kühlschrank. Die Lampe darin brennt wie eine frostige Sonne. Er isst Rote Bete direkt aus dem Glas. Den Tellern und Plastikdosen auf der Arbeitsfläche nach zu urteilen, hat er sich zuvor bereits die Reste des Abendessens einverleibt und beabsichtigt nun, das morgige Mittagessen in Angriff zu nehmen. Als er den Sohn sieht, beschwert er sich über die Hitze in der Wohnung und erklärt, nichts kühle einen so ab wie ein offener Kühlschrank. Er zupft am Kragen der Pyjamajacke, fächelt sich Luft zu. Dann greift er nach einer Bierdose und zeigt auf das übriggebliebene Stück Schnitzel. »Bedien dich! Bedien dich!«

Den nächsten Tag verbringt er im Bett. Bruchlandung.

Repressalien

In den letzten Jahren hat der Vater immer häufiger Albträume. Sie sind fleischiger als alles, was er in seinem Leben je erlebt hat – giftig, gemein, regelrecht böse. Er erklärt, es fühle sich an, als fänden sie wunde Punkte, die nicht einmal seine Frau kenne. Wahrscheinlich sind die Medikamente Auslöser der Träume. Die Pulvergötter können es nicht lassen, für die Ruhe, die sie in den wachen Stunden des Tages verbreiten, Tribut zu fordern. Trotzdem sind es nicht die Enthauptungen, die Reptilien mit doppelten Zahnreihen oder die herzzerreißend ausweglosen Situationen, in die er gerät, die ihn am härtesten treffen. Am schlimmsten sind die Träume, in denen seine Nächsten und Liebsten ihn in einem Gefühl des Einvernehmens wiegen – nur um ihn zu verletzen, wenn er am empfindlichsten ist, und ihm ihr wahres, perfides Ich zu zeigen. Danach dauert es viele Stunden, die Reste verzerrten Bewusstseins abzuschütteln. Eine alarmierende Situation. Die Feuersbrünste und Hunde mit drei Köpfen wandern schließlich nie ins wache Leben ein. Bei den Zweifeln an seiner nächsten Umgebung sieht die Sache dagegen anders aus. Wie kann er sein Vertrauen davor schützen, infiziert zu werden? Ist es vielleicht besser, nicht alle Medikamente zu nehmen? Kann man so viele Götter anbeten, ohne mit Repressalien rechnen zu müssen?

Zur Frage der Auslandsvertretungen

Der Vater, dem es so leicht fällt, sich auf fremde Menschen einzulassen, kann nie den Hörer abheben, wenn daheim das Telefon klingelt. Dort ist es die Aufgabe der Kinder, sich zu melden – und sie tun es auf immer gleiche Weise: »Ich schaue mal nach. Mit wem spreche ich bitte?« Es ist nicht weiter schwierig zu verstehen, woher sein Widerwille rührt. Klingelnde Telefone bedeuten Forderungen von außen, denen er sich unterwerfen muss. Im schlimmsten Fall sind es Behörden, die sich bei ihm melden, in weniger schlimmen Fällen fordernde Kollegen. Auch Bekannte scheinen sich zu verändern und ein Anliegen zu haben, sobald er sich zu Hause aufhält. Ganz zu schweigen von den Verwandten, für die er sonst nie genug tun kann. Das Telefon verwandelt sich in eine fremde Botschaft, die sich weder besänftigen noch ignorieren lässt. Hier gilt nicht einmal die eigene Jurisdiktion. Die Kinder werden als Diplomaten vorgeschickt, gut gedrillt in Verbindlichkeit und der Sorte Vokabular, die alles und nichts bedeuten kann.

Auch lange nachdem schwedische Institute die Visitenkarte des Vaters aus ihren Rolodex entfernt haben, vermeidet er es, selbst ans Telefon zu gehen. Nun muss die Mutter die Rolle einer Regierungssprecherin übernehmen, um ihm, falls nötig, den Rücken freizuhalten. Ihre Fähigkeit, mit einer freundlichen Floskel auf die Person am anderen Ende der Leitung einzugehen und gleichzeitig ihrem heimlichen Publikum zu verraten, wer anruft, ist eine Kunst der höheren Schule. Manchmal dirigiert ihr Gatte das Gespräch mit Gesten und Mienen, bisweilen wird ein späteres Dementi erforderlich. Meistens kann er sich jedoch nicht beherrschen und reißt ihr den Hörer aus der Hand. Denn mit den Jahren ist der Anrufer immer öfter eines seiner Kinder, und dann nimmt er es mit der Illusion nicht mehr so genau. Enthusiastisch bricht er mit der Fiktion, zeitweilig nicht erreichbar zu sein. Der Apparat verwandelt sich in eine Telefonzentrale. Plötzlich ist es nicht mehr die Umwelt, die eindringt, stattdessen soll nun das eigene Territorium ausgeweitet werden. Pläne müssen geschmiedet, Depeschen überbracht werden. Die Weltherrschaft steht vor der Tür.

Dekreation

Nach dem Unfall, als die Lebensuhr des Vaters eigentlich bereits abgelaufen ist, wiegt er siebzig Kilo. Er ist dünn und struppig, gleichermaßen Herbariumpflanze und Leib aus Fleisch und Blut, wie er dort kissengestützt in seinem Krankenhausbett liegt. Wachsgelb und willenlos ruht die rechte Hand auf der Decke. Als der Sohn über die fast verwischten Leberflecken und die Finger mit ihren geriffelten Nägeln streicht, denkt er, der Körper wird allmählich zurückgebildet. So stellt er sich ein paar Evolutionsschritte entfernte Fischflossen vor.

In den Monaten vor seinem Sturz wiegt der Vater fünfundsiebzig Kilo. Der Hemdkragen und die neuen Löcher im Gürtel verraten jedoch, dass dieses ranke Profil jüngeren Datums ist. Seine Art, sich die Serviette auf den Bauch zu legen, zeigt, wie sehr er gewöhnt ist, dass das Essen auf etwas anderes fällt als auf den Teller. Von diesen wohlgenährten Tagen ist vor dem Sturz auf der Kellertreppe nicht viel geblieben. Vielleicht nur eins. Der Kopf. Obwohl der Vater mehrere Kilo abgenommen hat, ist die Fülle nicht aus seinem Gesicht gewichen. Es gibt in ihm eine weiche Fleischigkeit in den Wangen, eine empfindliche, aber brutale Sinnlichkeit in den Lippen, die erst in den letzten Wochen auf der Pflegestation verschwinden. Da schießen die Knochen hoch, und die Haut auf den Wangen spannt, erblasst und rötet sich zugleich. Wenn der Sohn ihn sieht, denkt er nicht mehr an tropische Blumen oder Latin Lover sondern an Eierschalen, Bergrücken, getrockneten Lehm.

Irgendwie scheint der Vater kleiner zu werden. Nicht in der augenfälligen Weise, dass er Gewicht und Autorität verliert und ihm die Kleider zu groß werden. Er scheint vielmehr als Ganzes einzulaufen wie ein Pullover. Auch der Kopf – dieser »grandiose Schädel«, über den sich lachend eine seiner Schwiegertöchter beschwert, weil es so schwierig ist, ihn auf ein Foto zu bekommen. Die Wangen, das Kinn, die Stirn mit dem zurückgekämmten Haar ... Alles scheint jetzt eine Nummer kleiner zu sein.

Mehr als alles andere macht den Sohn diese Entdeckung traurig. Er hat das Gefühl, dass sich der Vater unumkehrbar verwandelt. Sein Gesicht ähnelt immer mehr einer geologischen Formation. Wenn der Sohn ihm über die Stirn streicht, merkt er, dass er Wiegenlieder singen möchte. Als wollte er die Verwandlung erleichtern. Als wollte er den Vater zu Sand, Wind, Verwitterung singen.

Später

DER GESTERBTE: Versteh mich bitte nicht falsch. Aber wenn du nicht willst, dass ich ende, gibt es nur einen Weg. Sorge dafür, dass ich gewusst habe, dass ich wirklich bin.

Flora für Ausländer

GRAS. Der Vater überlegt und erkennt, wenn er seine Kinder liebt, muss er sie behandeln wie Gras. Sie sollen gedüngt und regelmäßig geschnitten werden, Unkraut muss man jäten und Wühlmaushügel beizeiten platt treten. Nur dann werden sie glaubensfest, belastbar, aber trotzdem biegsam. In Anbetracht des fremden Nährbodens ist jedoch ständige Pflege erforderlich.

PINIENNADELN. Eine Piniennadel ist alles, was der Vater benötigt, um das Schloss zur Vergangenheit aufzubrechen. »Schaut«, sagt er zu seinen Kindern und schiebt die Tür auf. Anschließend steckt er sich die Nadel lächelnd in den Mundwinkel. Der nächste Schritt ist ihre Sache.

BIRKENBLÄTTER. Es ist ungewiss, ob der Vater Birkenblätter identifizieren kann. Birkenblätter gehören zur Welt der Kinder. Dort erfüllen sie die gleiche Funktion wie Feigenblätter in anderen Regionen.

FEIGENBLÄTTER. Der Vater weiß, dass Feigenblätter bemänteln. So kann man zwei, drei Blätter von einem Ast abreißen und sie sich symbolisch vor den Mund halten. Manche Dinge lassen sich dann leichter sagen.

ZYPRESSENNADELN. Wenn der Vater sieht, dass sich seine Sprösslinge wie die einheimischen Kinder benehmen – faul, quengelig, betont lässig –, versetzt es ihm einen Stich in der Brust. Die Vorahnung der Zypressennadel von der Hölle.

OLIVENKERNE. Für den Vater ist der Olivenkern das, was dem Paradiesapfel am nächsten kommt. Hart und spulenförmig zeigt er mit seinen verbliebenen graugrünen Unebenheiten, dass der Garten Eden untauglich geworden ist. Bleibt nur übrig, Gras auszusäen.

Übersicht

Für den Vater ist Übersicht nicht gleich Ordnung. Am deutlichsten wird der Unterschied in der Bibliothek. Am Schreibtisch opfert er höheren Mächten, aber Stifte und Büroklammern treiben eher wahllos umher. Die von ihm so geliebten linierten Hefte mit Plastikumschlägen, die eigentlich an Schulkinder verkauft werden, liegen auf einem Stapel, auf dem ein Wecker ruht. Wer in ihnen blättert, macht zwei Entdeckungen: zum einen, dass sie wüst durcheinanderliegen, zum anderen, dass er von vorne und von hinten schreibt – das eine Mal die ersten zwanzig Seiten in ein Heft hinein, das nächste Mal in umgekehrter Richtung. Im Stifteständer findet man niemals Schreibwerkzeuge, sondern eine Feder, eine seit zwanzig Jahren nicht mehr benutzte Pfeife, einen Rosenkranz, einen Teelöffel. Auf dem Tisch liegen Zeitungen in verschiedenen Stadien der Zerfledderung. Und die schwedische Schreibmaschine ist mit Pullovern und einer Krawatte bedeckt.

In den Bücherregalen, wo sich Stalagmiten den Platz mit Kalendern der staatlichen griechischen Tourismuszentrale teilen, stößt der Sohn auf das Allerheiligste: die Nachschlagewerke. Der Vater bevorzugt zwar Poesie – Prosa und Essays interessieren ihn weniger –, aber der Buchkäufer in ihm hat seine größte Schwäche für

Lexika. Den Bücherschlussverkauf, von dem er mit leeren Händen zurückkehrt, gibt es nicht. Er mag zwar Tausende Kronen ärmer sein, ist dafür aber auch um dreißig Kilo Gelehrsamkeit reicher. Anatomische Atlanten und Werke zur Geschichte der Medizin nehmen die meisten Regalböden ein. Die Wörterbücher decken Sprachen ab, die der Vater nie gesprochen hat und wohl nie lernen wird. Man findet allerdings auch Werke zum Thema politische Theorie oder Mythologie, und er ist sich auch nicht zu schade für eine anständige Fauna oder Bücher für wissbegierige Kinder zwischen zehn und fünfzehn. In den letzten Jahren sammelt er eine Enzyklopädie in über vierzig Bänden, die Leser einer großen Tageszeitung erwerben können, wenn sie in der Wochenendbeilage Kupons ausschneiden. Als die Ausgabe komplett ist, geht er zu Heften über orthodoxe Heilige über, die eine zahnlose Bulgarin am Eingang zum Park verkauft. Und als seine Tochter eine Stelle im Kulturministerium antritt, kann er endlich seine Sammlung archäologischer Führer vervollständigen.

Keine dieser Schriften wird im eigentlichen Sinne gelesen. Aber das ist auch nicht vorgesehen. Solange die Nachschlagewerke in den Regalen hinter seinem Rücken stehen, hat er Zugang zu ihrer Gelehrsamkeit. In ihnen ist das Wissen gesammelt, und es führt ein Eigenleben. Der heilige Ambrosius von Optina kann ohne weiteres neben der heiligen Angelina von Serbien landen, obwohl nicht nur tausend Kilometer, sondern auch dreihundertfünfzig Jahre zwischen ihnen liegen. Und so erscheint es auch ganz natürlich, dass ein Programmheft des Kirow-Balletts in Leningrad auf einem Jahrbuch des Freilichtmuseums *Kulturen* in Lund liegt. Es geht nicht um Ordnung, sondern um Zusammenhänge. Die Regale sind der Tabernakel des Vaters, der Schreibtisch ist sein Altar. Wer weiß schon, welche heiligen Verbindungen Schaden nähmen, wenn die Bücher nach allen Regeln der Bibliothekskunst sortiert würden? Oder wenn man den Wecker ins Schlafzimmer zurückstellte?

Eine Filiale der Arktis

An einem Wintertag zieht der Vater seine Uhr auf, dann erklärt er, dass er etwas zeigen möchte. Während er wartet, bis sein Sohn aufbruchsbereit ist, sucht er seine russische Mütze heraus. Anschließend machen sie sich auf den Weg.

Es ist Sonntagvormittag, die Avenue liegt bis auf vereinzelte Taxis verwaist. Da sie sich Richtung Stadtzentrum bewegen, fragt sich der Sohn zuerst, ob der Vater ihm das Gymnasium zeigen will, das er besuchte, nachdem er sein Heimatdorf verlassen hatte, sodann, ob er vorhat, ihn in diesem Lokal am Omoniaplatz, in das sie in früheren Jahren gingen, zu *bougátsa* einzuladen. Aber sie lassen sowohl die Schule als auch die heruntergekommenen Arkaden hinter sich und gehen weiter zum Basar in Monastiraki. In dem Jahr, das der Sohn als Neunzehnjähriger in der Stadt verbracht hat, bewegte er sich beinahe täglich in diesen Vierteln. Hier kennt er jede Straße und Abkürzung. Da drüben hat er seine Unterhemden gekauft, dort erwarb er den Wasserschlauch für die Dusche, der auch als Toilettenspülung diente. Der Mann, der Fußballtrikots und Militärkleidung verkauft hat, hängt seine Waren immer noch in vier Reihen an Bügeln vor sein Geschäft, aber das Schaufenster, vor dem der Sohn stets langsamer wurde, weil es in der Auslage verlockend komplizierte BHs und Nylonstrümpfe so dünn wie Libellenflügel präsentierte, ist einem Architekturbüro gewichen.

Je näher sie dem Basar kommen, desto belebter werden die Straßen. Die Touristen sind anders als im Sommer – älter und besser gekleidet, häufig mit archäologischen Handbüchern unter dem Arm. An der U-Bahn-Station verkauft ein älteres Paar geröstete Maiskolben, Albaner verhökern Krimskrams, und ein Leierkastenmann versucht auszusehen, als käme er geradewegs von einer Versammlung, bei der die junge Republik Kapodistrias zum Präsidenten gewählt hat. Mit einer fadenscheinigen Redingote und einer speckigen Krawatte bekleidet, ähnelt er einem verarmten Edelmann. Der Vater nickt zu seinen Füßen hin. Der Mann trägt dicke Wollstrümpfe in Plastikschlappen. Sie spazieren weiter durch die Gassen, vorbei an Stapeln von LPs, Gipsgöttern und vergilbten Lehrbüchern der Hydrologie. Der Sohn weist auf das einzige Antiquariat in dieser Gegend hin, das diesen Namen verdient, zweihundert Regalmeter in einem Keller, in dem er regelmäßig nach Raritäten von der Jahrhundertwende gesucht hat, aber der Vater lächelt nur. Sein Blick besagt, dass es Besseres gibt als Erstauflagen von Kostas Kariotakis.

Sie navigieren durch das Gedränge. Wenn er den Vater verliert, genügt es, stehen zu bleiben und den Blick auf nichts Bestimmtes zu richten. Nach einer Weile tritt im verschwommenen Blickfeld eine Kontur hervor, die ruhig und entschlossen geht. Andere Gestalten bewegen sich schnell oder ruckartig: Die eine hat eine Stoppuhr als Herz, die andere eine Sanduhr, die laufend umgedreht werden muss. Nur der Vater geht wie ein Metronom – sachlich und stetig, mit einer unwirklichen Regelmäßigkeit in den Bewegungen, die andere Menschen einen Schritt zur Seite treten lässt. Um ihn bildet sich ein unsichtbares Kraftfeld, das Männer nicken und Frauen lächeln lässt.

Früher betrachtete der Sohn diese Reaktionen als Symptome des Dr.-Schiwago-Syndroms. Fremde wussten ja nicht, wer der Vater war. Aber die Mütze und der Bart, den er zeitweise trug, ließen ihn in den Augen der Menschen wenn schon nicht bekannt, so doch prominent aussehen. Sicherheitshalber grüßten sie ihn. Der Gipfel des unberechtigten Ruhms wurde im Wien der siebziger Jahre erreicht. Eines Tages besuchten die Eltern ein Museum, in dem sich zufällig auch Bruno Kreisky aufhielt. Vielleicht eröffnete der österreichische Bundeskanzler gerade eine Ausstellung. Als er den Vater entdeckte, marschierte er quer durch den Saal und schüttelte ihm enthusiastisch die Hand. Später lachte der Gegenstand der Aufmerksamkeit über den Vorfall, aber ein Teil von ihm konnte nie ganz das Gefühl abschütteln, er habe sie verdient.

Zehn Meter voraus biegt der Vater in ein Gässchen. Das Warenangebot wechselt nun von T-Shirts zu Schraubenschlüsseln und Toilettenbürsten in Zellophanhüllen. Statt die Besucher von ihren wertvollen Waren zu überzeugen, sitzen die Verkäufer breitbeinig auf Plastikstühlen, rauchen oder lassen die Perlen der *kombolói* durch ihre Finger gleiten. Von ihnen einen Preis genannt zu bekommen erfordert Hartnäckigkeit. Kurz bevor sie ein Geschäft erreichen, vor dem Waschmaschinen stehen, holt der Sohn den Vater ein. Auf einer Leiter steht ein Mann von etwa sechzig Jahren in schlabbriger Hose und Strickjacke. Er hängt gerade einen Toilettendeckel auf. Als er den Besucher erblickt, strahlt er. »*Afendikó!*« Sie grüßen und bleiben, die Hände um die Ellbogen des jeweils anderen geschlossen, stehen.

Als der Sohn vorgestellt worden ist, glaubt er, der Moment für die Enthüllung sei gekommen, doch der Verkäufer pfeift nur einen Gehilfen herbei, der um die Ecke Kaffee holen geht. Während die Männer Neuigkeiten austauschen, mustert der Sohn das Geschäft. Ein weißes Emailschild wird von einem kretischen Nachnamen geziert, durch die offene Tür erkennt er, dass der Verkaufsraum weiß gestrichen ist. Im Fenster steht ein Kühlschrank, darauf liegen Badezimmerkacheln, von der Decke hängen Kabel herab. Auch das meiste, was im Laden verkauft wird, scheint weiß zu sein. Der Mann muss einer griechischen Filiale der Arktis vorstehen.

Als sie ausgetrunken haben, schlägt sich der Verkäufer auf die Knie. »Herr Michael ...« Er geht, einen nachdenklich wackelnden Zeigefinger hochhaltend, hinein. »Ich weiß schon, warum Sie hier sind.« Lachend schiebt er einige Kartons zur Seite. Er räumt und murmelt, es klirrt wie Glas. Als er wieder hinaustritt, hält er eine Miniaturouzoflasche in der Hand. Der Vater lächelt mit einer Miene, die der Sohn kennt: So sieht er aus, wenn er sich über die

Verrücktheit der Menschen freut, sich gleichzeitig aber auch über sie lustig macht. Konzentriert leert er das Fläschchen. Während er sich für das Elixier bedankt, kämpfen seine Gesichtszüge darum, ernst zu bleiben.

Auf dem Heimweg berichtet der Vater, dass der Mann von Kreta stammt. Seine Schwester schickt ihm regelmäßig Wasser aus einer Quelle in den Bergen, von der es heißt, sie habe wundertätige Eigenschaften. Er ist selbst einmal dort gewesen. Er zuckt mit den Schultern, erkundigt sich dann, wie der Sohn das Geschäft fand.

Der Sohn erklärt, dass es ihn an die Szene in *Doktor Schiwago* erinnert habe, in der Jurij und Lara die Sommerresidenz in Varykino besuchen. Der Schlitten fährt zwischen Bäumen, bis er vor einem in Weiß gehüllten Gebäude hält. Fenster, Veranda, Zwiebeltürme – alles ist schneebedeckt. Als sie die Tür öffnen, sehen sie, dass es hereingeschneit hat. Die Möbel ruhen unter weißen Decken, in den Fluren liegen Schneewehen. Die Stühle haben sich in Stalagmiten verwandelt, der Kronleuchter ist eine riesige Flocke. Sie treten in einen Palast aus Frost.

Der Vater erinnert sich nicht an die Szene, meint sich jedoch zu entsinnen, dass der Film in Spanien gedreht wurde. Bei dreißig Grad Hitze. Es hätte ebenso gut Griechenland sein können. Der Schnee war bloß Marmorstaub.

Eingeschneit

Der Eispalast in *Doktor Schiwago* ist ein Sinnbild für die gefrorene Zeit. Vielleicht auch für das Vergessen. Unter der Schneedecke in seinem Inneren ruht die Vergangenheit – unberührte Gegenstände, entschwundene Zusammenhänge. Das Dasein ist erstarrt. Eine hastige Bewegung und das Meublement würde zu Pulver zerfallen.

In den letzten Jahren denkt der Sohn darüber nach, ob es so

vielleicht im Gehirn des Vaters aussieht. Immer größere Teile des Bewusstseins werden beeinflusst. Er, der einst Weltmeister im Halten improvisierter Reden war, kann nunmehr kaum einen ganzen Satz zusammenbringen. Schon nach wenigen Worten verliert er den Faden, spricht über etwas anderes oder verstummt. Die Gedanken zerbröseln bei Berührung. Wenn er den Mund öffnet und Luft hineinwirbelt, werden die Worte wie Salzkörner zerstreut. Manchmal sieht man ein sanftes Flehen in seinen Augen, als befände sich der Vater tiefer im Körper und müsste mit ansehen, wie sich die Schale, in die er sich verwandelt hat, anders verhält, als von ihm gewünscht. Der Sohn fragt sich: Ist der Vater in einem Eispalast gefangen? Oder selbst der Palast?

Depeschen aus dem Limbus

VORHER. In den Monaten vor dem Unfall verändern sich die Telefonate. Dem Vater fällt das Sprechen schwer, seine Worte verlieren nach ein paar Atemzügen den Schwung. Stattdessen legt die Mutter den Hörer an sein Ohr. In der Regel werden die letzten Neuigkeiten mitgeteilt, manchmal liest der Sohn etwas vor. Mal eine Novelle von Clarice Lispector, mal etwas Eigenes. Von Zeit zu Zeit vergewissert er sich, dass sein Publikum zuhört. Wenn er wissen will, ob er weitermachen soll, brummt der Vater »Ja-aa« oder »N-mm«. Ein paarmal schläft er ein. Als der Sohn auflegt, hat er das Gefühl, dass die Atemzüge noch irgendwo dort verweilen, im Limbus der Leitungen.

NACHHER. Nach dem Unfall spricht der Vater nie mehr. Gelegentlich formt er ein Wort oder einen Ausruf, oder er murmelt leise und eigentümlich. Mehr bringt er nicht heraus. Die Medikamente dimmen die Beleuchtung im Bewusstsein, bis er in einem permanenten Zwielicht ruht. Trotzdem reicht es, das Zimmer zu betreten. Augenblicklich erkennt der Vater die Bewegungen und weiß instinktiv, welches seiner Kinder ihn besucht. »Arr...«, stöhnt er mit dem Rücken zur Tür. Oder »Tho-oo...«

F wie in Feind

Im nachhinein bedauert der Sohn, dass er die Krankheiten des Vaters niemals als andere Formen des Seins betrachtet hat. Stattdessen hat er sie als Besatzungsmächte gesehen. Erst kam Oberst Parkinson, dann General Demenz. Beide entsandten ihre Truppen, die das Gehirn infiltrierten und langsam, aber sicher das Nervensystem ausschalteten. Trotz des Zitterns und der Verwirrung blieb der Vater selbst jedoch intakt, wenngleich unterdrückt und am Ende eingesperrt. Wenn sie sich unterhielten, war es undenkbar, nicht davon auszugehen, dass er noch irgendwo hinter der Front lebte, so selbstverständlich und unerwartet wie immer.

Doch der Vater wurde nie belagert. Wenn die Medikamente sich weigerten zu wirken, hieß dies nicht, dass der Feind die Pfade abgeschnitten hatte, auf denen Nachschub eingeschmuggelt wurde. Statt sich den Vater als besetzt vorzustellen, hätte der Sohn die Verwandlung begleiten sollen. Vielleicht lebte er im letzten Abschnitt seines Lebens in einer Welt, in der Worte und Erinnerungen wirbelten wie Flocken in einer Schneekugel, ohne Richtung und Schwerkraft. Vielleicht ließ ihn der Körper im Stich. Aber bedeutet dies, dass er weniger er selbst war als früher? Der Sohn fragt sich noch immer, was er darüber gelernt hätte, wer man alles sein konnte. Denkt: Der Erzfeind ist das fehlende Verständnis.

Der Mann mit den Vögeln

Die meisten Leute, mit denen der Vater während seiner Jahre in Schweden oder nach seiner Rückkehr nach Griechenland in Kontakt steht, lernt der Sohn irgendwann kennen. Nach der Pensionierung kommen jedoch neue Bekannte dazu. Für diese ist er weder Aus- noch Einwanderer, Vater oder Großvater, sondern *afendikó* – ein kultivierter »Herr«, der am liebsten die Hände auf dem Rücken verschränkt. Vermutlich fühlt er sich im Kontakt mit Personen, die seine Geschichte nicht kennen, frei. Er braucht sich nicht auf dem Drahtseil zu zeigen oder den örtlichen Messias zu spielen. Es reicht, im Hier und Jetzt zu leben.

Der in einem Athener Basar gestrandete Kreter ist ein solcher Mensch, der Mann mit den Vögeln ein anderer. Der Vater sieht ihn zum ersten Mal an einer U-Bahn-Station, wo er heiße Maronen kauft und beteuert, es dürften ruhig auch die verkohlten sein. Aus irgendeinem Grund bleibt ihm die Bemerkung in Erinnerung, und als er den Mann ein paar Tage später im Park entdeckt, unterhalten sie sich. Er erweist sich als ein pensionierter Bahnhofsvorsteher. Da ein Schwager des Vaters den gleichen Beruf hatte, bis er eines Nachmittags auf einem Vorortbahnsteig Knall auf Fall das Zeitliche segnete, haben sie mehr Gesprächsstoff als üblich. Die Zeit vergeht. Kurz bevor sie sich trennen, bringt der Vater das Gespräch auf die Kastanien. Statt zu antworten, zerkrümelt der frühere Eisenbahner einige, schnalzt dann mit der Zunge. Augenblicklich sammeln sich die Tauben des Parks. Picken auf der Erde, flattern an Jacketttaschen – und lassen sich auf Armen, Schultern, Kopf nieder. Am Ende ist er von Tauben bedeckt.

»Ein Vogelsignalmast.«

Der erste Essay über Hände

Die Hände des Vaters können zärtlich sein, geballt werden und zuschlagen. Zu den Zärtlichkeiten und Schlägen kommen wir später. Die geballte Faust benutzt er noch im hohen Alter. Aber ihre Bedeutung wechselt mit den Jahren. Wo die geschlossene Hand auf dem Foto des Jungen vor dem Zweiten Weltkrieg »Freiheit oder Tod« verkündet, signalisiert sie auf den Instamaticbildern aus den frühen siebziger Jahren in Holzschuhen und Jeans Solidarität. Bei den Fotos der folgenden Jahrzehnte von Abschieden im Spätsommerlicht hat die Person mit der Kamera immer noch das Geräusch von Reifen im Ohr, die über Kies rollen. Hinter den Hibiskussträuchern folgt der Blick des Vaters dem Taxi. Seine Hand hat er gehoben und zur Faust geballt. Die Geste bedeutet: »Auch wenn du fort bist, halte ich dich in meiner Hand.«

Nur ganz zum Schluss, als er im Krankenhausbett liegt und die rechte Hand krampfhaft geschlossen ist, bedeutet die Geste alle drei Dinge gleichzeitig.

Gutachten über die Liebe

An einem Sommertag toben auf der Veranda zwei Söhne von Verwandten. Was als Versteckspiel beginnt, entwickelt sich zu einer Rauferei, die in einem offenen Streit endet. Der ältere reißt den angespitzten Stock, mit dem der jüngere kämpft, aus dessen Hand und richtet ihn auf die Brust des Bruders. Unmittelbar bevor er etwas tut, was er später bereuen würde, geht der Vater dazwischen. Er packt die Jungen am Handgelenk. Als sie nicht aufhören, zu spucken und zu fauchen, hebt er warnend den Zeigefinger.

»Drei Zentimeter. Weiter ist es nicht bis zum Herzen.«

Rotverschiebung

Manchmal überrascht der Vater mit unerwartetem Wissen. Im Dunkeln auf der Veranda sitzend, zeigt er zu den Feldern und Hainen hinüber. Ein Nachbar geht mit einer zitternden Taschenlampe in der Hand den Weg hinab. Je weiter entfernt der Lichtkegel fällt, desto roter scheint er zu werden – sein umgekehrtes Nachglühen. Leise spricht der Vater das magische Wort »Rotverschiebung« aus. Der Sohn schweigt. Jahre später wird er sich fragen, ob der Vater auf diese Art Abschied nimmt.

Politik, I

Auch wenn er nicht immer Zeit hat, die Zeitungen zu lesen, müssen sie gekauft werden. Ein Blatt für jede politische Richtung, sieben Tage in der Woche. Wenn gegen Abend nur noch eine oder zwei Zeitungen unter der Markise des Kiosks hängen, rollt der Vater sie umgehend zusammen, sobald er das Geld hinübergeschoben hat. Niemand soll erkennen können, wem er sich verbunden fühlt. Die unabhängige Haltung hat Vorrang vor der Parteifarbe, obgleich seine grundsätzlichen Sympathien unerschütterlich bleiben. Wenn er sich im Sommer in seinem Heimatdorf aufhält, kommt die Lokalzeitung dazu. In ihr steht immer etwas, was Einblicke in die Moral der Bauern gewährt. Während der Nachrichtensendungen im Fernsehen bleibt seine Tür geschlossen. Verwandte, die zu Besuch sind, müssen sich mit ihren Wehwehchen in Geduld üben. Sofern er es nicht vorzieht, während der Siesta zu schlafen, läuft außerdem das Radio. Nachrichten sind wichtig. Und Nachrichten, das heißt immer Politik.

Der Vater kommentiert selten Sachfragen, es sei denn, es geht um Gesundheit oder Bildung. Er vertritt Werte, diskutiert aber lieber über den Lebenswandel und Charakter der Politiker. Die einzige Person, über die ihm nie ein böses Wort über die Lippen kommt, ist der Gesundheitsminister – ein Mann mit ruhigem Blut und klaren Gedanken, der sich dafür einsetzt, dass die Widerstandskämpfer des Zweiten Weltkriegs offiziell rehabilitiert werden, aber schon mit fünfundfünfzig Jahren stirbt und eine Lücke hinterlässt, die nie ausgefüllt wird. Die anderen hält er für mehr oder weniger geschickte Schauspieler. So ist der Arbeitsminister ein Rabauke, der im Hafenviertel von Piräus rekrutiert wurde. Anders lassen sich seine Maßnahmen beim letzten Streik nicht erklären. Der Minister für Bildung und Religion ist dagegen ein Pfau. Er steht vor den Mikrofonen wie vor dem heimischen Spiegel und plustert sich auf. Obwohl die erste Frau auf dem Posten des Kulturministers tatsächlich eine ehemalige Schauspielerin ist, wurde ihr in den Jahren der Militärdiktatur der Pass abgenommen, weshalb sie über jeden Zweifel erhaben ist. Es macht nichts, dass sie sich die Haare blond färbt oder Argumente gelegentlich durch Kraftausdrücke ersetzt. Ihr Passierschein zur griechischen Seele gilt an allen Wochentagen, einschließlich der roten.

In der Politik geht es entweder um Personen oder um Prinzipien. Die tägliche Kärrnerarbeit, in einer Demokratie funktionierende Kompromisse zu finden, ist keineswegs unwichtig. Aber die Probleme werden nicht im Parlament gelöst, sondern in Hinterzimmern oder auf Plätzen. Und dazu gehört Geschick. Personen, die die Gunst des Vaters gewinnen, beherrschen dieses Spiel – aalglatt wie Taschendiebe, verschlagen wie Puffmütter, immer für eine Überraschung gut. Ihre Parteizugehörigkeit ist nicht entscheidend. Trotz Protesten hält er beispielsweise zum Außenminister mit der riesigen Leibesfülle. Zwar ist der Mann der Enkel eines Diktators aus den zwanziger Jahren, aber auch ihm wurde während der Militärdiktatur der Pass entzogen, und keiner kann die Opposition besser »stechen« – wie eine Mücke quälen – als er. Als der Minister erklärt, die Türkei gehöre zu Europa, da das Land ein Teil der europäischen Geschichte sei, zeigt der Vater zufrieden auf den Fernseher: »Schau her, ein Visionär.« Doch als derselbe Politiker die türkische Führung nur sechs Monate später eine Bande von »Mördern, Vergewaltigern und Dieben« nennt, platzt ihm der Kragen. Wenn man ihn daran erinnert, welcher Meinung er ein halbes Jahr zuvor war, antwortet er mit Lippen so schmal wie Zypressennadeln: »Leute, die an Visionen leiden, sollten zum Augenarzt gehen.«

Die größte Faszination geht von Andreas Papandreou aus. Er ist zwölf Jahre älter als der Vater und hat während seiner Lebensspanne die Öffentlichkeit geprägt. Lange verteidigt der Vater ihn trotz Korruptionsvorwürfen und einer dritten oder vielleicht auch vierten Ehe, diesmal mit einer sechsunddreißig Jahre jüngeren Stewardess. Er lacht über die boshaften Witze und Karikaturen, allerdings nicht immer von ganzem Herzen. Insgeheim erwartet er ein Comeback – nicht nur große Worte, sondern eine Reform, die das Land in seinen Grundfesten erschüttern wird. Trotz der rhetorischen Vereinfachungen und Einigungen hinter verschlossenen Türen hat Papandreou für ihn Züge von Odysseus. Im Laufe der Jahre verwandelt er sich zwar in die grauhaarige Parodie eines Kraftprotzes, bleibt aber dennoch listenreich. Wird es ihm gelingen, die Prätendenten zu vertreiben und die Kontrolle über das Reich zurückzuerobern? Als die Revanche von Gegnern auf beiden Seiten der politischen Scheidelinie endgültig pulverisiert wird, hat der Vater längst aufgegeben. Und als der betagte Politiker versucht, die Geschäfte des Landes mit der Nation und seiner Herzlungenmaschine im Stand-by-Modus zu führen, kann er nur noch den Kopf schütteln. Papandreou hat sich gegen die einzige Regel versündigt, die ein Grieche niemals verletzen darf: Er hat sich überflüssig gemacht.

Gegen Ende seines Lebens kehrt der Vater zu der Haltung zurück, die seine Jahre im Ausland prägte: sachorientiert, befreit von Propaganda und Demagogie, bemüht, nicht den kleinsten, sondern größten gemeinsamen Nenner anzustreben. Er hat genug von Versprechen, die mit gekreuzten Fingern gegeben werden, er hat genug von vergoldeten Phrasen, denen niemals Taten folgen. In einem Land, in dem die Universitäten ihre Hochschullehrer auf Grund ihrer politischen Zugehörigkeit auswählen, bedarf es unabhängiger Kräfte. Der Vater lehnt es ab, sich vor einen Parteikarren spannen zu lassen. Lieber sät er Unsicherheit, als in eine einfarbige Ecke gedrängt zu werden. Wenn er mit linken Freunden spricht, amüsiert es ihn zu betonen, dass sich vieles ändern könnte, wenn die gegnerische Seite nur Gehör für ihre Worte über Traditionen fände. Wenn er mit konservativen Kollegen von anderen Lehrstühlen spricht, weist er umgekehrt darauf hin, dass es höchste Zeit sei einzusehen, dass die Akademien der Antike in Ruinen lägen. Gewerkschaftliche Hilfe würde beim Wiederaufbau sicher nicht schaden.

Seinem Willen zur Unabhängigkeit entspringt sein Bedürfnis nach Gleichgewicht. In Papandreous Nachfolger sieht der Vater einen Politiker, dessen Handeln weder sein eigenes noch das Wohl der Partei im Auge zu haben scheint. Das ruhige Blut des Mannes beeindruckt ihn. Er wird in dem Glauben bestärkt, dass die Nation vielleicht doch noch zu einer erwachsenen Demokratie heranreifen kann, in der Verantwortung, Fürsorge und Gerechtigkeit keine leeren Worte bleiben. Andererseits bezweifelt er, dass der Premierminister Erfolg haben wird. Ist er nicht viel zu vernünftig, um es zu schaffen? Er spricht doch nicht Herz oder Bauch des Volks an, sondern seinen Verstand. Ob Maß zu halten in Griechenland jemals funktionieren wird?

Der kleine Umschlag

In einer Kultur, in der ein *fakeláki* oder »kleiner Umschlag« erforderlich ist, damit Bürokraten Stempel benutzen, fällt es einem schwer zu glauben, dass es Leute gibt, die aus anderen Beweggründen als dem eigenen Vorteil handeln. Wie die meisten beklagt der Vater die Korruption, wundert sich aber nicht. Immerhin macht sie die Menschen berechenbar.

Eines Tages benötigt er eine Bescheinigung, weil er sonst Gefahr läuft, einen unerwarteten Rechtsstreit um ein Grundstück zu verlieren. Als er nach seiner Rückkehr ins Heimatland ein weiteres Grundstück kaufte, um seinen Kindern zu ermöglichen, später darauf zu bauen, gestattete er einem Bauern, einen Teil davon als Durchfahrt zu benutzen. Im Laufe der Zeit ist der Traktor so oft hin und her gerollt, dass der Mann das Land als sein eigenes betrachtet. Um es gegen Erosion zu schützen – es gibt einen Fluss in der Nähe –, errichtet er Zäune. Bedauerlicherweise wird das Nutzungsrecht nie formell festgelegt und die Grundstückspläne gewähren einen gewissen Deutungsspielraum zum Vorteil des Bauern. Als er stirbt und Verwandte den Hof übernehmen, steht fest: Wenn der Vater keine handfesten Beweise vorlegen kann, wird er diesen Streifen Land niemals zurückerhalten.

Er appelliert an die für Agrarfragen zuständige Behörde der Region, merkt jedoch, dass der verantwortliche Bürokrat auf der gegnerischen Seite steht. Sind die Leute verwandt, oder ist er lediglich bestochen worden? Der Unterschied ist so entscheidend wie der zwischen Erbgut und Erkältung: nur gegen letztere gibt es Medikamente. Personen, die um Rat gefragt werden, können es nicht beschwören, aber möglicherweise ist der Bürokrat tatsächlich mit einer Cousine zweiten Grades des Verstorbenen verheiratet. Wenn der Vater keine einflussreichen Freunde hat, kann er die Hoffnung aufgeben. Aber ist das so tragisch? Es geht doch nur um ein bisschen unbrauchbares Land.

Trotzig schließt er sich mit dem Telefon ein, dann ruft er überall an. Am nächsten Morgen bittet er seine Frau, die Lokalzeitung so klein zu schneiden, dass die Schnipsel aussehen wie ein Stapel Geldscheine. Er ist verschwiegen, aber aufgekratzt. Der Stapel wird in einen Umschlag gesteckt, den er aus der Hemdtasche lugen lässt. Auf der Treppe zur Behörde trifft er den Bürgermeister der Stadt, dessen kranke Tochter er gerade heilbringend in eine Athener Klinik überwiesen hat. Der Politiker stellt ihn als Philanthropen vor. Der Sachbearbeiter breitet die Hände aus. Warum hat er das nicht früher erfahren? Als der Vater zufällig die Brusttasche berührt, winkt der Mann ab. Es ist die einfachste Sache der Welt, die Dokumente zu stempeln. Auch ein Sachbearbeiter kann Philanthrop sein.

Die dreizehnte Station

Der Vater bricht den Oreganozweig, den er in der Hand hält, dann zerreibt er die Blüten zwischen den Handflächen. Der Sohn sieht die trockenen Krümel zu Boden fallen und denkt: Wir hätten den Esel nehmen sollen.

Sie sitzen unter dem höchstgelegenen Hochspannungsmast über dem Heimatdorf. Der Sohn hat in Erfahrung gebracht, dass ein prachtvolles Stück Land zum Verkauf steht, braucht aber Hilfe bei den Verhandlungen. Das Grundstück liegt oberhalb der Schwefelquellen des Kurhotels, auf jener Seite des Bergs, an der sich nur Tiere mühelos fortbewegen können. Auf dem Weg nach oben haben sie die Autoscheiben heruntergekurbelt und sich durchgefragt. Schließlich zeigt ihnen eine Frau, die seitlich auf einem Esel sitzt, den Weg. Elias' Feld? Geradeaus, immer geradeaus. Bei den Zypressen endet die Straße allerdings, ab da müssen sie gehen. Wollen die beiden sich den Esel ausleihen, während sie selbst nach ihren Olivenbäumen sieht? Schnell lehnt der Sohn das Angebot ab.

Als sie aussteigen, lärmen die Zikaden. Es riecht nach trockener Erde und Hitze. Hinter ihnen breitet sich die Bucht aus. Das Geräusch von Traktoren steigt zu ihnen hoch, eine Kirchenglocke schlägt, von der Landstraße schallt das gleichmäßige Rauschen des Nachmittagsverkehrs herüber. In den diesigen Fluren dort unten glänzt Plastik auf Gewächshäusern, an manchen Stellen sieht man rote Ziegeldächer und weiße Wäsche. In der Ferne glitzert das Meer, ehe es in den Himmel übergeht. Der Verkäufer hat versprochen, sich am dreizehnten Hochspannungsmast mit ihnen zu treffen. Je höher sie kommen, desto größer werden jedoch die Zweifel. Der Sohn stellt sich Einwänden gegenüber allerdings taub. Nein, nein, er ist sich ganz sicher, dass es hier oben ist. Natürlich, ein Haus müsste mit funktionierender Kanalisation und Elektrizität ausgestattet werden, und außerdem muss eine richtige Straße angelegt werden, die auch noch während der Winterstürme befahrbar ist. Aber warum sollte das nicht möglich sein? Wenn der Bohrer nur lang genug ist, steigt in jedem Brunnen das Wasser. Das bewies doch schon das Haus, an dem sie vorbeigegangen sind. Und gegen die Erdbeben, die auf dieser Seite der Berge drohen, kann man sich auf jeden Fall mit Hilfe japanischer Techniker schützen. Nein, er hat sich in Fachzeitschriften schlaugemacht, die es sicher auch auf Griechisch gibt.

Die Steine sind scharf, die Büsche schrammen über Schienbeine und Arme. Mit jedem neuen Schritt sieht der Vater mitgenommener aus. Seine Lunge pfeift, die Beine zittern. Der Sohn versucht, sein schlechtes Gewissen zu betäuben, und versichert, dass es nicht mehr weit sein kann. Nach einigem Stolpern erreichen sie schließlich den Betonsockel des dreizehnten Mastes. Die Aussicht ist phantastisch. Aber nichts deutet darauf hin, dass jemals eine Menschenseele ihren Fuß an diesen Ort gesetzt hat, seit das Fundament gegossen wurde. Nichts als Zement und Felsen und unerbittliche Sonne.

Nach einer halben Stunde gehen sie wieder hinunter. Als sie sich den Anbauflächen nähern, entdecken sie den Verkäufer, der an einen Betonsockel gelehnt Sonnenblumenkerne isst. »Der dritte Mast!«, ruft er und hält die mittleren Finger hoch. Lachend spuckt er die Schalen aus. Als er die Schrammen an ihren Armen und Beinen sieht, wird er jedoch nachdenklich, blickt vom Älteren zum Jüngeren und wieder zurück. Ehe der Sohn etwas sagen kann, schüttelt der Vater den Kopf und bekennt, er sei wohl ein bisschen übermütig gewesen. Aber er habe einfach solche Lust bekommen, seinem Sohn die Aussicht zu zeigen.

Nostalgie

In der folgenden Nacht träumt der Sohn, dass der Vater im Auto bleibt, während er selbst einen Berg aus Kies zu einem Stanniolzelt direkt unter den Wolken hinaufwandert. Als er nach unten zurückkehrt, enttäuscht darüber, keine Steckdose zur Sonne gefunden zu haben, sagt der Vater: »Du kommst viele Jahre zu spät. Wie froh ich bin, dich zu sehen.«

Rochade bei 24° C

Nach der Emeritierung erwarten alle, dass der Vater tun wird, wovon er immer gesprochen hat. Jetzt muss er keine Krawatte mehr tragen oder in endlosen Besprechungen über Nichtigkeiten sitzen. Jetzt können die administrativen Verschleppungsspezialisten und bürokratischen Verkomplizierathleten mit ihren Dolchen statt Händen machen, was sie wollen. Er ist unantastbar geworden.

Aber die Zeit vergeht. Die Obstbäume, die gepflanzt werden sollen, die Bücher, die gelesen werden müssen, die Reisen zu den Kindern in fernen Ländern – alles wird auf die Zukunft verschoben. Stattdessen spielt er die Rolle des Ratgebers. Nun verbringt er seine Tage am Telefon. Wenn der Sohn einen anderen Hörer in der Wohnung abhebt, hört er das fortlaufende Gespräch mit Vertrauten, die sich noch in den Schützengräben befinden. Der Vater erinnert ihn an den König auf einem Schachbrett. Sein Aktionsradius ist zwar begrenzt, aber das Spiel steht und fällt immer noch mit ihm. Als er sich schließlich zum Abendessen einfindet, klagt er. Das Lächeln, mit dem er von den letzten Intrigen erzählt, verrät jedoch, dass er seine Rolle genießt.

Mit der Zeit werden die Anrufe seltener. Der Vater geht auf und ab. Schließlich ruft er unter dem Vorwand, etwas mit ihm besprechen zu wollen, einen Kollegen an. Als er auflegt – nach wenigen Minuten schon –, ist er verärgert. Noch hat er nicht entschieden, ob er wütender darüber sein soll, eingeknickt zu sein und sich gemeldet zu haben, oder über die Neuigkeiten, die er soeben erfahren hat. Er entscheidet sich für letzteres und maskiert seinen Ärger darüber, nicht gebraucht zu werden, indem er über Beschlüsse herzieht, die ihn nicht interessieren. Die Einwände wirken aufgesetzt, Wolken ziehen über dem Tisch auf.

Als seine Frau merkt, was sich anbahnt, bittet sie ihn, den Platz mit der zweijährigen Enkelin zu tauschen, die gefüttert werden soll. Danach befindet sich der König nicht mehr im Auge des Sturms. Die Mahlzeit wird bei mildem Wetter mit vereinzelten Wolken beendet.

Ein Koffer kommt vollgeladen

Anlässlich seiner Pensionierung treffen aus nah und fern Glückwünsche ein. Die Blumen machen die Luft schwer und tropisch, im Wohnzimmer drängen sich die Gäste. Immer wieder kommt der Vater in die Küche, um sich zu vergewissern, dass niemand den Schatz angerührt hat. Im Kühlschrank lagern sorgsam verpackt ungarische und italienische Salami, Schinken, kleine Würstchen und Kabanossi, Schweinswürste aus Lyon und Weißwürste aus Bayern, Wiener, Frankfurter und Nürnberger, Bierwürste aus der Pfalz und Jagdwürste, dick wie die Unterarme von

Kindern, Griebenwürste und Blutwürste mit Rosinen, Lamm- und Ziegenwürste, ganz zu schweigen von den Leberwürsten, die man mal in Scheiben schneiden, mal mit dem Messer verstreichen kann. Auf dem Fußboden steht der leere Koffer des Sohns.
Als der Vater ins Wohnzimmer zurückkehrt, flüstert er übertrieben laut: »Sobald sie gegangen sind, legen wir los.« Der Sohn prostet ihm mit einem Glas Senf zu.

Hommage

Der Vater bekommt auch ein Buch. Dann vergehen die Jahre. Manchmal fragt sich der Sohn, ob er es gelesen hat. Als der Vater sich in das verwandelt hat, was er nie gewesen ist, aber von nun an bleiben wird, entdeckt der Sohn das Buch in einem Regal. Eine einzige Textstelle darin ist unterstrichen. Auf Seite 100: »Es war einmal ein Vater.«
Überrumpelt erkennt er, was er tun muss.

Orientalismus

Der rechtshändige Vater schneidet sich die Fingernägel mit der gleichen Sorgfalt, mit der die Kalligraphen des Sultans Ornamente zeichneten. Die Bedeutung liegt in der Ausführung, nicht im Inhalt. Als erstes holt er die Schere aus dem Badezimmerschrank. Wenn die Schraube in der Mitte angezogen worden ist und er die Klingen mit der Zunge befeuchtet hat, setzt er sich auf einen Stuhl. Dieser darf weder zu weich sein, noch in der Nähe eines anderen Möbels stehen. Am liebsten soll er auf die Veranda hinausgetragen werden. Danach verteilt er das Gewicht, plaziert ein frisch gebügeltes Taschentuch auf dem Knie und legt die linke Hand darauf. Woraufhin er sich vorlehnt und für einige Sekunden in dieser Stellung verharrt, wie zur Andacht. Anschließend schneidet er die Nägel in sanften, systematischen Kurven. Der Finger, der gerade bearbeitet wird, bleibt regungslos liegen, was dem Ganzen einen zeremoniellen Charakter verleiht. Die rechte Hand ist tätig, die linke Gegenstand der Betätigung.

Sobald die ersten fünf Nägel fertig sind, tauschen seine Hände die Rollen. Erneut wird die Prozedur durchgeführt, diesmal jedoch vorsichtiger. Als er zum dritten Finger kommt, presst er die Zungenspitze gegen die Rückseite der unteren Zahnreihe, so dass sich der Zungenrücken wölbt und wie in einem Schraubstock zwischen den Zähnen steckt. Die Miene verrät äußerste Konzentration. Es ist fraglich, ob selbst ein Fliegeralarm zu ihm durchdringen würde. Nun ist die linke Hand an der Reihe, sich zu bewegen, während die rechte still liegt, als gehörte sie zu einem anderen Menschen – oder vielmehr: als wäre sie ein Kunstwerk kurz vor seiner Vollendung.

Nachdem die Zeremonie abgeschlossen ist, faltet der Vater das Taschentuch zusammen. Sorglos schüttelt er die ausgedienten Mondsicheln im Garten heraus.

Bericht über ein ozeanisches Gefühl

Man nehme den Balkon vor dem Arbeitszimmer. Normalerweise findet der Sohn den Vater dort während der letzten Stunde des Nachmittags, bevor das restliche Haus erwacht und die Rasensprenger eingeschaltet werden. Die Handteller ruhen offen im Schoß, er scheint in etwas versunken zu sein, was weder Gedanken noch Nichtgedanken sind. Der Blick schweift über die Felder und Haine des Nachbarn bis zu den kerzengeraden Zypressen, die das Meer verdecken. Das Geräusch von Wellen öffnet die Riegel in seiner Brust, einen nach dem anderen. Sachte verlässt er sich selbst. Er schließt die Augen, spürt die Schwere der Glieder in fernes Tosen übergehen. Als hätte er einen Weg entdeckt, fortzubestehen, ohne einen Körper zu benötigen. Am Ende befindet er sich mehr im Rauschen als auf dem Balkon.

Manchmal hat der Vater Tränen in den Augen, wenn er sich umdreht. Während er nach sich selbst sucht, murmelt er etwas über das Radio des Nachbarn, das er erst in diesem Moment hört.

Der Sohn denkt, dass der Vater denkt, wenn er an Land zurückkehrt:

Das Meer kennt keine Resignation.

Der Teppich

Eines Sommers bekommt der Sohn ein Geschenk. Der Vater ist gerade im Keller gewesen und kehrt mit einem zusammengerollten Teppich zurück. Als er ihn über die Verandamauer gehängt hat, um die Feuchtigkeit auszulüften, zeigt er auf die Initialen, die in den Rand gestickt sind, und erklärt, es seien die seines Vaters. Der Teppich besteht aus drei länglich schmalen Teilen, die in den dreißiger Jahren zusammengenäht wurden. Das Streifenmuster ist in Rot und Weiß gehalten und erinnert an einen Strichcode. Früher waren sowohl das Muster als auch das Format des Teppichs gleich- und regelmäßig, aber infolge zahlreicher Umzüge und einiger Jahre dichten Spielzeugverkehrs in Schweden ist er arg ramponiert.

Der Vater erzählt, seine Mutter habe den Teppich gefilzt, indem sie die Wolle in dem Bach ziehen ließ, der bis heute hinter dem Elternhaus fließt. Als er sechs oder sieben Jahre alt war, kehrte er eines Abends heim, nachdem er mit einem Cousin Ziegen gehütet hatte. Ein kleines Stück oberhalb pinkelte er in den Bach, wohl wissend, dass das Wasser den Urin durch die Wolle führen würde. Seither sind dessen Spuren in den Fasern bewahrt. Der Vater setzt sich. Er nippt am Eistee, bekommt etwas sowohl Heiteres als auch Rätselhaftes. Sein Stuhl scharrt, als er auf eine Ecke des Teppichs zeigt, an der die weiße Wolle verfärbt ist. Weiß der Sohn, warum sie so rosa geworden ist wie eine frische Wunde? Der Sohn nickt. Er kennt die Geschichte, dass der Teppich vor dem Bett der Eltern lag, als die Fruchtblase platzte und sie zu dem wurden, was sie für ihn immer gewesen sind.

Hm. Verstehe. Nun erkundigt sich der Vater, ob der Sohn denn auch wisse, dass dieser Teppich das einzige war, was er mitnahm, als er im Herbst 1947 sein Heimatdorf verließ? Das kann der Sohn nicht von sich behaupten. Zufrieden steht der Vater auf. Ab sofort gehört der Teppich dem Sohn. Immerhin hat er dieselben Initialen wie sein Großvater.

Le village n'est plus dans le village ...

Die Beziehung des Vaters zu seinem Geburtsort ist nicht frei von Komplikationen. Der Geruch von Hühnern und der irgendwie hellere Sonnenschein, die er ein Leben zuvor hatte verlassen müssen, die auffordernden Klänge der Kirchenglocken an den Sonntagen und die Pfiffe der Bauern, wenn sie ihre Tiere trieben, der herbe Kaffeesatz auf der Zunge und die Maiskörner, die immer zwischen den Zähnen hängen blieben – die Eindrücke der Kindheit ruhen wie ein versunkenes Reich in seiner Brust. Wenn er durch das Dorf spaziert, trüben sich allerdings jedes Mal die Wasser. Die neuen Häuser, die Straßen und Plätze verwirren. Er merkt, dass er den Abstand zwischen sich und den Erinnerungen falsch einschätzt. Je mehr er sie in den Griff zu bekommen versucht, desto unhandlicher werden sie. Die Gegenwart erweist sich als der Teil des Erinnerten, der dafür sorgt, dass sie nie intakt bleibt.

Beunruhigt schaut sich der Vater um und gibt sich anschließend große Mühe, sich auf einer Tankstelle zurechtzufinden, die eben noch ein Apfelsinenhain gewesen ist. Er hat nichts gegen Veränderungen, er träumt sich auch nicht zurück zu kalten Wintern in engen Betten oder zu Ereignissen, über die niemand sprechen will. Als er die Tanksäulen und aufgestapelten Autoreifen betrachtet, wird er dennoch das Gefühl nicht los, das Dorf befinde sich nicht mehr im Dorf.

... il est partout où je suis

Anfangs empfindet der Vater Trauer. Eines Tages bleibt er jedoch auf dem Parkplatz des neuen Supermarktes stehen – überrumpelt von Freude darüber, was ein Dorf alles sein kann. Seine anschwellenden, gleichsam kribbelnden Adern deuten an, dass ein Mensch sich nicht verirrt, nur weil Plätze sich nicht mehr dort befinden, wo er sie einst verließ.

Warum verlässt ein Sechzehnjähriger sein Heimatdorf?

Der Sohn, der die Geschichten über die Vergangenheit gehört hat, sie aber nicht immer in Einklang miteinander bringen konnte, grübelt darüber nach, warum ein Sechzehnjähriger sein Heimatdorf verlässt. Weil es zu klein ist? Oder weil es zu groß ist? Weil jeder jeden kennt? Oder weil keiner keinen kennt? Weil er das siebte und letzte Kind ist und das letzte immer seinen Willen durchsetzt? Oder weil er gut in der Schule gewesen ist und sich die meisten Geschwister bereits in der Hauptstadt aufhalten? Weil er seine Tage nicht auf den Feldern und die Abende nicht in Cafés verbringen möchte? Oder weil bald der Bürgerkrieg ausbrechen wird, und wenn es etwas gibt, was er sich nicht wünscht, dann in die Konflikte zwischen den Familien hineingezogen zu werden? Weil er es sich trotz allem nicht verkneifen kann, seine Ansichten zu vertreten und zum Ärger des Vaters dabei ist, sich politisch neu zu orientieren? Oder weil er der Meinung ist, dass man das Königshaus durchaus verehren kann, an einer gerechten Umverteilung des Landes aber dennoch nichts auszusetzen ist? Weil es wie unter der deutschen Besatzung um eine Frage von Freiheit oder Tod geht? Oder weil er zu jung ist, um zu verstehen, warum Worte nicht ausreichen? Weil er nur ein Junge ist? Oder weil er es nicht lassen kann, unbedingt ein Mann sein zu wollen?

Der Sohn findet keine befriedigende Antwort darauf, warum ein Sechzehnjähriger an einem Herbsttag in der Vergangenheit sein Heimatdorf verlässt. Er weiß nur, dass es zwischen den angeführten Gründen Widersprüche gibt. Zum Beispiel dazwischen, dass der Dorflehrer so einzigartig gut war, und der Frage, warum es trotzdem lebensnotwendig erschien, das Gymnasium in der Hauptstadt zu besuchen. Zum Beispiel zwischen der Verwandten, die den Vater »Ärmster« nennt, und ihrem Bruder, der nicht mehr genannt wird. Zum Beispiel zwischen der Zeit vorher und der Zeit nachher.

Mit anderen Mitteln

DER GESTERBTE: Ich weiß nicht, was du da zu tun glaubst, mein Sohn. Aber in diesen ... *Legenden* erkenne ich mich nicht wieder. Kleine Umschläge? Ozeanische Gefühle? Ärmster? Das soll ich sein? So kann ich mich selbst unmöglich sehen. Ich bin, der ich war, ich war, der ich bin. Nicht deine Mosaiksteinchen, sondern die Fugen zwischen ihnen. Nicht dein Laub, sondern der Stamm und die Äste. Empfinden das nicht alle so? Was in einem Menschen Mensch ist, ist das, was ihn zusammenhält. Du musst dir ein zu einem Faden gezwirntes Adernetz vorstellen.

Übrigens wird ein Mensch nicht weniger Mensch, nur weil das Blut aufhört zu kitzeln. Dann setzt er sich in anderen Menschen fort. Das ist das Leben, mit anderen Mitteln geführt.

Material für einen Vater

DER GESTERBTE: Wenn ich es recht bedenke, machst du dich gut als Ikaros – du entstellst einen ja wie ein Kreter. Willst du, dass die Leute ihren Glauben an mich verlieren? Ich war ein Vater aus gewöhnlichem Bauholz (Pinie, nicht Birke). Sowohl stark als auch schwach. Sowohl gewaltig als auch vage. Wie eine Sonne. Oder ein Patriarch. Ein Pinienpatriarch! Manchmal herrschte Trauer in meinem Herzen, manchmal Revolution. Aber meistens war ich hungrig, neugierig, märchenhaft. (Frag deine Mutter.) Bei den Wörtern bevorzugte ich die einfachen: *Fuß, Muskel, Weg*... Bei den Gefühlen die vielschichtigen. Die Sehnsucht war ein treuer Hund. Während der Jahre im Ausland schlief ich mit meinem Heimatdorf unter dem Kissen – flach wie ein Kieselstein, samten wie eine Wange. Wäre ich ein Tier, müsstest du dir eine Kreuzung zwischen einem Hahn und einem Tiger vorstellen. (Deine Geschwister sind Bär, Löwe und Delfin mit etwas Entenmutter darin, aber du, mein Sohn, du bist immer ein herrenloser Köter gewesen, unmöglich zu führen.) Vierzig Jahre lang arbeitete ich zu viel, zwanzig fürchtete ich die Banken. Zehn Jahre hatte ich Probleme mit dem Herzen, fünf Jahre mit Därmen und anderen Teilen der Apparatur. Zwei Jahre lang konnte ich kaum gehen, ein Jahr lang nicht sprechen. Aber mein Körper gehörte auch deiner Mutter, also beschwerte ich mich nie. Bei den Zahlen bevorzugte ich die 1, bei den Buchstaben alle. Zeit meines Lebens war Raum für mich wichtiger als Zeit. Jetzt weiß ich nicht länger, was ich sagen soll. Meine Träume waren Evangelien, meine Albträume Apokryphen. Ich machte viele Fehler, stritt mich jedoch niemals vor den Kindern. Wenn ich müde war, wurde ich fürsorglich oder sorglos. Das Nachmittagsnickerchen war das einzig Heilige, von dem ich etwas wissen wollte. Und die Erinnerung an Verwandte. Bei den Farben hielt ich mich an die satten. Die Überraschung war groß, als ich das Grün erfand. Meine Urteile fielen oft kategorisch aus, gleichwohl ließ ich mich bereitwillig beeinflussen. Ich war das jüngste der Geschwister und dennoch derjenige, an den man sich wandte. Oh, was habe ich gerne gelacht! Kein Geräusch ergriff mich so wie das des Meers. Es war Herzschlag, Donner, Flüstern. Manchmal schien meine Brust voller Schmetterlinge zu sein. Wenn mir Menschen auf die Nerven gingen, versäumte ich es nicht, dies zu zeigen. Jedes Kind bekam seinen Kosenamen: Sabuschkin, Kalle, September ... Du warst Laika. Wenn ich zornig wurde, geschah es, dass ich die Hand hob. Bei der Erinnerung daran wird mein Arm immer noch schwer. Je süßer die Baklava, desto besser. Nichts interessierte mich mehr als Körper. (Frag deine Mutter.) Ich verließ mich auf niemanden, trotzdem war ich naiv. Sport betrachtete ich als eine schwedische Krankheit. Wenn meine Gefühle faul waren, stand der Stolz an erster Stelle, wenn sie sich vertieften, bedeutete Verständnis alles. Es gab Menschen, die ich nie verstand, obwohl die meisten von ihnen meine Freunde wurden. Ich schrieb, leider, schlampig. Ich wünschte, ich wäre sorgsamer gewesen. Einzig die Schande ertrug ich nicht, weder die eigene noch die anderer. Auslassungen waren für mich heimliche Wahrheiten, und vielleicht Trauer. Ich kam selten zu früh, dagegen oft zu spät – die Uhr war ein Freund. Der Alkohol hat niemals mein Interesse geweckt. Noch im hohen Alter wollte ich gut aussehen, deshalb trug ich den Trenchcoat nicht zugeknöpft, sondern mit einem Knoten im Gürtel. Manchmal merkte ich erst, dass ich bei den Menschen Gefühle geweckt hatte, wenn es fast zu spät war. Ich mochte meinen Bauch, so glatt wie eine Birne. Die Sonne interessierte mich wesentlich mehr als der Mond. Ich enttäuschte deine Mutter. Drei Mal, glaube ich. (Frag sie nicht.) Mein Bedürfnis nach Ruhe war groß, mein Bedürfnis nach Freude größer. Ich lernte nie, wie ein Auto funktioniert, aber den Nacken einer Frau konnte ich so berühren, dass er zum Mittelpunkt des Universums wurde. Einmal sah ich eine Katze ihr totes Junges zwischen den Zähnen tragen. Ich dachte: Das möchte ich niemals tun müssen. Ein anderes Mal schnitt ich einem meiner Söhne die Haare so kurz, dass er sich weigerte, zur Schule zu gehen. Ich glaubte, dass sich die Wirbel bändigen lassen würden! Als ich älter wurde, war ich schnell gerührt. Als ich krank wurde, dachte ich: Gibt es mehr Arten, mich zu demütigen, dann nur zu. Ich bin der Gesterbte, ich bin dein Vater. Ich wurde neunundsiebzig Jahre alt.

PS

DER GESTERBTE: Du betrachtest mich, als würdest du mich erfinden. Tu das nicht.

Über die allmähliche Verfertigung der Gedanken beim Reden

Häufig wird vom Vater erwartet, bei Zusammenkünften eine Rede zu halten. Er tut dies mit Vergnügen, bereitet sich jedoch ebenso wenig vor wie damals, als er sich im Anbeginn der Zeit die Farbtuben seiner Frau lieh. Vielleicht ahnt er, worauf er hinauswill, aber die konkreten Formen müssen sich nach und nach ergeben. Die Linie, die er zeichnet, ist nicht tastend, trotzdem weiß er erst, wohin sie führen wird, wenn er den Pinsel auf die Leinwand setzt. Er, der sonst ein bescheidenes Gehör hat, folgt der inneren Melodie ebenso entspannt wie konzentriert, mit einem sanften, natürlichen Rhythmus in den Bewegungen. Schultern, Brust, Hüften, Waden ... Die Kurven schwingen nach innen und außen, bilden Gesten und Zusammenhänge ähnlich den Figuren auf einer Vase. Sie sind selten allein, spiegeln und balancieren einander vielmehr in Formationen, die zugleich fest und geschmeidig sind. Gelegentlich bilden sich Farbwehen, wenn der Pinsel eine Kurve auf zwei Rädern nimmt. Jemandem, der später über die Zusammenhänge nachsinnt, erscheinen alle Abstufungen wie Muskeln – spulenförmig und elegant, niemals angespannt, dennoch erfüllt von einer stillen, gleichsam unverbrauchten Kraft.

Hinterher kann der Vater nicht rekonstruieren, wie er seine Rede gegliedert hat. Die Freude, mit der er zum Schluss kommt, ist jedoch mit jener Verblüffung verwandt, die sich einstellt, als er erstmals Gelb und Blau mischt und der Mutter verkündet: »Grün! Ich habe das Grün erschaffen!«

Dialog plus Antimücken-Spirale

Zwei Schatten auf einer Veranda. Knarrende Korbstühle, geleerte Gläser. In der Dunkelheit hört man einzelne Zikaden, auf dem Boden qualmt eine Antimücken-Spirale in der letzten Runde.

ERSTER SCHATTEN (*nickt zum Fußboden*): Die neigt sich dem Ende zu. Sollen wir ins Bett gehen?

ZWEITER SCHATTEN: Ich verstehe nicht.

ERSTER SCHATTEN: Ich meine, bald werden sich die Mücken auf uns stürzen. Bist du nicht müde?

ZWEITER SCHATTEN: Die Mücken, müde? Was hat das eine mit dem anderen zu tun?

ERSTER SCHATTEN: Ich denke nur, wenn man müde ist, könnte es eine gute Idee sein, ins Bett zu gehen. Morgen ist auch noch ein Tag.

ZWEITER SCHATTEN: Es ist immer gut, ins Bett zu gehen. Aber es ist nicht immer gut, ins Bett zu gehen, wenn man seinen Sohn trifft.

ERSTER SCHATTEN: Papa, ich bin doch gerade angekommen. Wir fahren erst in drei Wochen wieder nach Hause.
ZWEITER SCHATTEN: Das sagst du.
ERSTER SCHATTEN: Aber es ist wahr. Soll ich dir hochhelfen? Komm, wir gehen ins Bett.
ZWEITER SCHATTEN: Weißt du, das alles interessiert mich wesentlich weniger als du.

Morgen ist auch noch ein Tag

Am nächsten Tag gibt der Sohn bekannt, dass er sich taufen lassen will. Der Vater, der kein Kirchgänger ist, schreckt davor zurück. Ist es nicht ein bisschen zu früh, um auf ein Leben nach diesem zu vertrauen? Was will er mit Kirchenliedern und Weihrauch? Der Sohn fragt, ob er sich keine anderen Gründe für eine Taufe vorstellen kann. Der Vater ahnt Tricks und Theorien, dann spürt er da und dort in seinem Körper Blumen sprießen. *Ghamó tin mána*, der Sohn will orthodox heiraten! Die Neuigkeit berauscht und erheitert ihn, macht ihn zu einer Säule aus Jubel – dann hält er inne. Aber das geht doch nicht ... Wenn die Taufe in seinem Heimatdorf stattfindet, wird der Pfarrer erfahren, dass er seinen Spross niemals hat taufen lassen.

Plötzlich weiß der Vater nicht mehr ein noch aus. Freude und Scham schließen ihn kurz. Erst bei einem Telefonat mit einem guten Freund findet er eine Lösung. Der Freund ist in jungen Jahren in die USA ausgewandert, wo er an der Westküste klassische Sprachen lehrt. Jeden Sommer besucht er jedoch die Roma im Nordwesten seines Heimatlandes. Ihn interessieren die Sitten und Gebräuche des fahrenden Volks, er ist Pate von etwa zwanzig Kindern. Ein weiteres mit Straßenstaub in den Adern wäre ihm nur willkommen.

Die Formalitäten sind schnell geklärt, und eine Woche später kann der Mann sein neues Patenkind vor einer byzantinischen Kapelle in seiner Heimatregion in Empfang nehmen. Neben ihm stehen drei Priester – einer älter als der andere. Lange Bärte, blasse Haut, große Nasen: Der Sohn denkt, es müsse sich um verkleidete Schicksalsgöttinnen handeln. Gemeinsam sind sie mindestens dreihundert Jahre alt. Im Zwielicht der Kapelle wischt eine schwarz gekleidete Frau den Fußboden. Vor dem Altar steht eine Tonne aus glänzendem Blech. Während die Geistlichen die Papierarbeit erledigen, füllt sie diese mit Wasser.

Das einzige Problem, das die Männer der Kirche sehen, betrifft den Taufnamen. Auch mit dem besten Willen der Welt sind sie nicht fähig oder willens, den griechischen Kriegsgott als christlich zu betrachten. Dass es sich dabei außerdem um den *nom de guerre* handelt, den der Partisanenführer im Zweiten Weltkrieg angenommen hat – ein Kommunist und Revolutionär –, sagt ihnen auch nicht sonderlich zu. Der Vater scharrt mit dem Fuß, murmelt etwas über andere Traditionen. Dann erzählt er, dass der Sohn noch einen zweiten Vornamen nach einem königstreuen Großvater hat ... Die Priester atmen auf. Umstandslos beschließen sie, den Sohn in umgekehrter Reihenfolge zu taufen.

Anschließend fordern sie ihn auf, Uhr und Brille abzulegen. Als die Zeremonie beginnt, stehen er und der Pate nebeneinander. In regelmäßigen Abständen beantworten sie die heruntergeleierten Fragen der Geistlichen. Dabei hält der Pate den gedruckten Text hoch, aber ohne Brille und mit bloß rudimentären Kenntnissen der alten Schriftsprache fällt es dem Sohn schwer, mitzukommen. Seine Lippen führen ein wunderliches Eigenleben. Zu verstehen, was er da murmelt, ist völlig ausgeschlossen. Insgeheim fragt er sich, ob das Gesagte wirklich zählt.

Schließlich bittet man ihn, sich hinter einem Vorhang umzuziehen. Mit einem langen Hemd bekleidet steigt er in das frisch angeschaffte Taufbecken. Die Priester übergießen ihn mit Wasser und schneiden ein paar Haarsträhnen ab. Der Vater kann nur mit

Mühe ernst bleiben. Vor ihm kauert ein erwachsener Sohn, während der Pate seine Glieder mit Öl salbt. Die Hälfte des Wassers schwappt heraus, ehe das Ritual beendet ist. Als der Sohn sich aufrichtet, denkt der Vater: Wiedergeboren aus einer Mülltonne.

Phraseologie

Nach seiner Rückkehr ins Heimatland hört man den Vater sagen:
»Fortan sind Mülltonnen heilig.«
»Manchmal scheint meine Brust voller Schmetterlinge zu sein.« Hört zu, denkt nach. »Der Bauch? Nein. Ich meine die Brust.«
»Was gibt es Neues bei dir?«
»Mama und du, ordentlich wie Näherinnen.«
»Ein Laken soll ein stilles Wasser sein.«
»Probier mal. Die reinste Symphonie.«
»*Mána*, du pinkelst wie die schönste Violine.«
»Toll wie Toast.«
»Ich möchte behaupten, dass Dramen dieser Art nur von jungen Männern geschrieben werden dürfen.«
»Komm. Sei nicht traurig. Ich bin's für dich.«

Phraseologie, Forts.

In den Jahren im Ausland hörte man ihn auch sagen:
»Ich fühle mich wie ein Haus, das gerade umgebaut wird.«
»Ein Wort wie *thaúma* gibt es im Schwedischen nicht. *Mirakel* fühlt sich in meiner Kehle an wie ein Kieselstein.«
»Möchtest du das hier lesen?«
»Du respektierst Tatsachen, mein lieber Kläffer. Hier hast du eine. Wir können es uns nicht leisten.«
»Wirklich nicht.«

»Die Lage ist alles andere als angenehm. Aber sicher besser, als dadrinnen zu leben.« (Legt den Finger auf das Foto eines Juntaführers in der Zeitung.)
»Er riecht nach Plötze. Wenn es wenigstens Sardinen wären.«
»Du musst aber auch alles in Frage stellen.«
»Was soll ich sagen?«
»Mut.«

»Mána, du pinkelst wie die schönste Violine«

Der Vater und der Sohn trinken ihren Nachmittagskaffee auf der Vorderseite des Hauses, unter der Fensterluke zur Gästetoilette. In der Ferne tuckert ein Traktor, drinnen hört man jemanden sein Geschäft verrichten. Der Vater lächelt den Sohn an, wendet den Blick nach oben, verkündet laut:

Drei neue Thesen über ausländische Väter

XXVII. Ein ausländischer Vater verteilt gerne Geschenke. Im Laufe der Jahre schenkt er seiner Frau Apfelsinenschnitze, Halsketten, Ölgemälde, Feigen, achtzehn Esszimmerstühle, eine Skulptur, Gedichte, Schals, zwei Hunde, Trauben, Treibholz, Rosen, ein Auto, Sonnenhüte, Steine, Hibiskussträucher, Pfirsiche, einen Pelzmantel, weitere Gedichte, Abendkleider, Schnecken, Granatäpfel, einen Olivenhain. Unter anderem. Wenn ein ausländischer Vater sich nicht besinnt, denkt er, dass er seiner Frau auch vier Kinder geschenkt hat. Aber ein ausländischer Vater besinnt sich.

XXVI. Wenn ein ausländischer Vater etwas geschrieben hat, will er, dass die ganze Welt es liest. In dem Moment gibt es nichts Wichtigeres.

XXV. Es kommt vor, dass sich ein ausländischer Vater kategorisch äußert. Aber nie über sich selbst.

Politik, II

Ein knappes Jahrzehnt nach dem Fall der Junta ruft die demokratisch gewählte Regierung den Vater heim. Er erhält den Auftrag, eine neue medizinische Fakultät aufzubauen. Die Rückkehr bedeutet für ihn, eine neue Generation mit anderen Erfahrungen kennenzulernen. Als er Kollegen rekrutiert, erwachen Gefühle zum Leben, die in den schwedischen Jahren unter Schlamm verschwunden waren. Während er sich im Ausland aufhielt, erlebten seine Arbeitskollegen die Diktatur am eigenen Leib. Als er Nachtschicht hatte, diskutierten sie in ihren Küchen über Gramsci. Als er die Nachrichten hörte, verbarrikadierten sie sich in der Technischen Hochschule. Und als er im Sommer 1974 sein Land wiedersah, machten sie sich bereit, es zu verlassen, um im Ausland Examina zu bestehen, die etwas wert waren.

Tiefe Schichten werden aufgewühlt, wenn er den Erzählungen über die Proteste, die Vernehmungen und den Jubel auf den Straßen lauscht, als die Obristen verhaftet wurden. Da seine Kollegen an renommierten Lehrstühlen ausgebildet wurden, hat er nicht nur Respekt vor ihren Erfahrungen, sondern auch vor ihrem Können. Er empfindet sogar Bewunderung. Gemeinsam stampfen sie binnen weniger Jahre ein Dutzend Institute, eine Forscherausbildung und eine Universitätsklinik aus dem kretischen Boden. Erst als die Siedler sesshaft geworden sind und die verschiedenen Abteilungen sich begrenzte Mittel teilen sollen, beginnen die Schwierigkeiten.

Der Vater, der sein Land als Zwanzigjähriger verließ, hat keinerlei Erfahrung mit sektiererischer linker Politik. Es stellt sich heraus, dass seine Kollegen einem Dutzend verschiedener Gruppierungen angehört haben. In Versammlungen verstehen sie sich bestens auf taktische Manöver und wissen genau, wie man kurzfristige Allianzen schmiedet. Da gibt es ehemalige Moskautreue, Pekingtreue, Tiranatreue und Belgradtreue. Da gibt es die einen, die sich geweigert haben, zur Waffe zu greifen, und die anderen, die nichts Falsches darin erkennen konnten, Flaschen mit Benzin zu füllen. Man findet solche, die davon träumen, die Ehre der alten Widerstandsbewegungen wiederherzustellen, und solche, die sich noch nicht von Stalins Schauprozessen distanziert haben. Da gibt es liberal gesinnte Sozialdemokraten und sozial engagierte Liberale, da gibt es jene, die sich nach ihrem Kontakt zur britischen Labour-Partei reformiert haben, und jene, die lieber weiter *L'Humanité* lesen.

Lange und einfallsreich behält der Vater die Kontrolle über die Verwaltung. Aber im Vergleich zu seinen Kollegen ist er politisch unerfahren, vielleicht auch naiv. Er glaubt tatsächlich an eine gerechte Verteilung und betrachtet jeden Kollegen so lange als Vertrauten, bis das Gegenteil bewiesen ist. Langsam erodiert sein Einfluss. Einige Jahre vor seiner Pensionierung und ungefähr gleichzeitig mit der Diagnose muss er erkennen, dass die Methoden, die er im Ausland angewandt hat, hier nicht ausreichen. Die Personen, die er gefördert und darauf vorbereitet hat, seine Aufgaben zu übernehmen, erweisen sich entweder als schwach oder haben kein Interesse an der Verwaltungsarbeit. Außerdem begreift er zum ersten Mal, dass ihm nahestehende Menschen eigene Pläne und Ansichten haben können, die sie ihm nicht unbedingt anvertrauen. Er schüttelt den Kopf. Er seufzt darüber, was er an seiner Brust genährt hat. Er zuckt lächelnd mit den Schultern.

»Diktatur. Was ist verkehrt an einer Diktatur?«

Bis fünf Uhr geht man auf Zehenspitzen

Wenn der Vater nach dem Mittagessen ruht, wird eine Decke über das Haus gezogen. Alle sprechen gedämpft, am liebsten würde man nicht einmal die Toilettenspülung betätigen. Die Stunden zwischen drei und fünf sind heilig.

Während seiner Jahre im Ausland wurde nur an den Wochenenden Siesta gehalten. An einem Nachmittag in der Vergangenheit durften die jüngsten Kinder jedoch fernsehen. Vielleicht war die Mutter anderweitig beschäftigt. Sie sitzen vor dem Fernsehapparat auf dem Fußboden, der Ton ist leise gestellt, der Vater liegt, einen Arm über dem Gesicht, auf der Couch. Er hat Kopfschmerzen, oder es stört ihn, sich nicht unbehelligt ausruhen zu können. Auf dem Bildschirm schlägt ein barfüßiges Mädchen Saltos auf einem Pferd, anschließend spritzt ein Clown Wasser aus einer Blume am Jackettrevers. Danach treten endlich die Trapezartisten auf. Der Zirkusdirektor hebt die Hand, senkt die Stimme und bittet das Publikum um »größt – mögliche – Stilllle ...«.

Die Kinder kichern erstickt. Schließlich kann sich die Tochter nicht mehr zurückhalten. »Papa, bist du ein Zirkusonkel?« Unter dem Arm versucht eine gewisse Person, ihre Stimme ernst zu halten. »Habt ihr nicht versprochen, still zu sein?« Aber dann geht es einfach nicht mehr. »Setzt euch hierher. Und hierher.« Er schlägt mit den Händen auf die Couchpolster. »Und macht lauter, damit man was versteht!«

Fortan reicht es, »Stilllle« zu zischen, um das Bedürfnis des Vaters nicht als Forderung, sondern als Wunsch erscheinen zu lassen. Langsam hält die Demokratie auch in dieser Familie Einzug. Erst in den letzten Jahren scherzt keiner mehr. Wenn der gemeine Soldat die Befehle Oberst Parkinsons befolgt und nach dem Mittagessen ins Bett stolpert, halten alle die Luft an. Bis fünf Uhr geht man wieder auf Zehenspitzen.

Streichholztitan

Ein Vater ist, auch lange nachdem er beim Feuer um Hilfe bitten muss, größer als groß.

Danke, aber nein danke

EIN SOHN: Vielleicht sind Erinnerungen wie Hölzer.
DER GESTERBTE: Streichhölzer?
EIN SOHN: Sie flammen auf, spenden für einen Moment Licht, erlöschen.
DER GESTERBTE: Woraufhin das Vergegenwärtigte zu dem zurückkehren kann, was es am besten kann?
EIN SOHN: Was meinst du?
DER GESTERBTE: Im Verborgenen zu wirken?
EIN SOHN: Schon möglich ...
DER GESTERBTE: Danke, aber nein danke. Erinnerungen müssen wie Reibflächen behandelt werden.

Ventile x 3

1. Wenn der Vater sehr beschäftigt ist, sucht er sich Ventile. Wenn er seine gesamte Kraft eigentlich darauf verwenden sollte, den Bericht für das Ministerium zusammenzustellen oder die Beschlussvorlage für den Forschungsrat vorzubereiten, schweifen seine Gedanken ab. Er wühlt im Bücherregal und findet eine Gedichtsammlung. Schon nach zwei Zeilen wiegt sich seine Brust wie ein Mohnfeld. Jetzt ist er Wind, Sonnenlicht, Erröten. Rasch sucht er ein Schulheft heraus. Erst fünf Stunden später bittet er seine Frau, die Telefonate durchzuwinken, die sich in den Leitungen angestaut haben. Während er zuhört, genießt er die Abend-

sonne. Er brummt. Er strahlt. Er sitzt auf einem frisch gelegten goldenen Ei.

2. Als die Mutter nach dem Mittagessen gähnend die Arme reckt, führt der Vater sie ins Schlafzimmer. Sie lacht, sie protestiert. Sollten sie nicht zuerst den Tisch abdecken? Sobald sie zwei Stunden später eingeschlafen ist, schleicht er sich in Unterhose grinsend hinaus. Er würde sich wünschen, dass ihn auf dem Weg zur Spüle jemand sehen könnte. Dreiundsechzig Jahre. Aber an der Apparatur ist nichts auszusetzen.

3. Kommt ein Kind – beispielsweise der Sohn – zu Besuch, schert sich der Vater nicht um Verpflichtungen. Er winkt abwehrend, wenn er an Termine oder Telefonate erinnert wird, nickt zum Wohnzimmer hin, schließt hinter dem Eintretenden sorgsam die Tür. Auf die Couch herabgesunken breitet er die Hände aus, seine Augen schimmern wie Fischschwärme. »Was gibt es Neues bei dir?«

Fanfare

Der Vater lässt sich oft hinreißen. Es spielt keine Rolle, ob er Verpflichtungen nicht mehr erträgt und zum Befreiungsschlag ausholen muss oder von der unbändigen Lust gepackt wird, das Leben zu feiern, einfach weil es existiert. Das Ergebnis ist das gleiche: Das Dasein explodiert. Etwa, als der Sohn mitten in der Nacht ankommt und am nächsten Morgen viel zu früh von einem Orchester geweckt wird. Aus den Boxen strömt in höchster Lautstärke die Internationale. Ein ungeduldiger Vater klopft an, ruft lachend zum Frühstück. Er ist niemand, der seine Freude über den Besuch für sich behalten will.

Wirklich nicht.

Der gleiche Stamm

Es ist einer der ersten Frühlingstage, Regen trommelt auf die Veranda. Sie unterhalten sich schon lange, haben sich auf verschlungenen Wegen von einem Thema zum nächsten bewegt. Auf einmal wird der Sohn übermütig und äußert sich herabwürdigend über eine Person, die sich mit ähnlichen Dingen beschäftigt wie er selbst, aber erfolgreicher ist. Der Vater lauscht ruhig, ohne zu unterbrechen. Anschließend sagt er mit erhobenen Augenbrauen, die weitere Einwände verbieten: »Sprich niemals schlecht über einen Kollegen. Ihr seid vom gleichen Stamm.«

Mysterium, Teil eins

Zu den Kollegen des Vaters gehört ein Ehepaar – er Mikrobiologe, sie Neurologin mit dem Spezialgebiet Spracherwerb. Neben dem Philologen mit den Patenkindern bei den Roma steht ihm dieses Paar besonders nahe. Während der Siedlerjahre auf Kreta übernachtet er meistens bei den beiden, während seine Frau und die jüngsten Kinder in Athen wohnen. Der Vater freut sich über die Gesellschaft, er entdeckt eine Seite an sich, die in der Zeit im Ausland zu kurz gekommen ist. Seine Freude lässt sich zum Teil auf den Gebrauch der Muttersprache zurückführen. Plötzlich entdeckt er, wie beharrlich er das Griechische vermisst hat. Überwältigt von den Jahren, die verstrichen sind, spürt er, dass »Sonne« endlich wieder Sonne bedeutet, »Straßenstaub« wieder Straßenstaub. Als er seine Familie unter einem Dach versammelt hat, verbringen die Paare viel Zeit miteinander. Als die Freunde ein lang ersehntes Kind bekommen, werden er sowie seine Frau, die Tochter und der Sohn Paten. Jeden Sommer besuchen ihn die Freunde in seinem Geburtsdorf.

Mit den Jahren sieht man sich jedoch seltener und in den letzten gar nicht mehr. Manchmal äußert sich der Vater schroff, zuweilen abwertend. Die Gründe werden nie genannt, auch wenn es gängige Auffassung wird, dass es schwer ist, Menschen zu ertragen, die laufend Aufmerksamkeit fordern. Wer darüber nachdenkt, gewinnt den Eindruck, dass damit die Neurologin gemeint ist. Was früher Licht und Aufmerksamkeit war, wird Wolke, Rauhreif, Scherben. Dennoch wirkt die Reaktion trotzig, vielleicht auch übertrieben. Zerfallen Freundschaften so nicht eigentlich nur zwischen Teenagern, nicht aber zwischen Erwachsenen? Die Jahre vergehen. Mit der Zeit werden die unergründeten Beleidigungen zu den Akten gelegt. Für viele bleiben sie ein Mysterium.

Zur Frage der Traumata

Als der Vater kein ausländischer mehr ist, sondern nur noch Vater, nimmt die Neurologin den Sohn beiseite. »Es ist merkwürdig«, sagt sie. »Er macht Sprachfehler, die nicht mit seinen Jahren im Ausland zusammenhängen. Kleine systematische Irrtümer. Weißt du, ob ihm als Kind einmal etwas zugestoßen ist?«

Frauenzimmer

Der Vater hat drei Brüder und ebenso viele Schwestern. Nach der Schulzeit bleibt nur der älteste Bruder im Dorf, die übrigen Geschwister gehen nach Athen. Als die Eltern sterben, übernimmt er das Haus und das Lebensmittelgeschäft am Marktplatz im oberen Teil des Dorfs. Der Bruder ist ein überzeugter Rechter, stets um das Ansehen der Familie bemüht und mit einem phänomenalen Gedächtnis ausgestattet. Viele Jahre später, nach dem Tod seiner Frau, verkauft er sein Geschäft der Gemeinde, die das Haus abreißen und den Platz erweitern lässt. Danach hat er tagein, tagaus nicht viel zu tun. Sein Augenlicht wird schwächer, gewöhnlich findet man ihn in einem der Cafés. Dort mischt er sich in Gespräche ein, trinkt Ouzo und raucht. Am Ende ist er praktisch blind und kommt nicht mehr alleine zurecht. Die beiden Töchter in Athen stellen eine Bulgarin ein. Die Haushaltshilfe zieht mit ihrer Familie ins Erdgeschoss und tut für den Herrn des Hauses, was sie kann, wenn sie nicht gerade bei ihren Kindern Windeln wechselt.

Wenn der Vater den Bruder zu sich nach Hause einlädt, erwartet letzterer, dass seine Schwägerin den Kaffee serviert und die Geschwister anschließend in Ruhe lässt. Dem Vater fällt es bei diesen Besuchen schwer, ernsthaft zu bleiben. Nachdem er sich geduldig die letzten Neuigkeiten angehört hat, beginnt er zu »stechen«. Er stellt Fragen, die in Wahrheit versteckte Fallen sind, er verleitet den Bruder zu hanebüchenen Urteilen, er lässt ihn nicht einmal in Frieden, als er ihn so weit getrieben hat zu behaupten, dass die Militärs jedenfalls gut für die Wirtschaft waren.

Der Sohn verfolgt das Spektakel schweigend – und wie verhext. Plötzlich scheint sich jegliches Verantwortungsbewusstsein im Vater verflüchtigt zu haben. Verschwörerisch sucht er die Blicke der anderen. Er macht ironische Bemerkungen über den Bruder, er schneidet Grimassen, er benimmt sich wie ein Kind. Dann wird dem Sohn schlagartig klar: Nein, er benimmt sich nicht wie ein Kind, er benimmt sich wie ein Sohn. So muss er selbst in rebellischeren Momenten gewirkt haben. Sich seiner selbst urplötzlich bewusst werdend, rührt er in der Kaffeetasse. Auf einmal wagt er es unter keinen Umständen, die Männer anzusehen.

Während der Unterhaltung bleibt der Bruder seelenruhig. Bevor der Vater ihn nach Hause fährt, zündet er sich eine letzte Zigarette an und erklärt: »Du bist wie ein Frauenzimmer. Fragen über Fragen.« Seine Hand wedelt den Rauch fort. »Schlimmer als ein Mückenschwarm.«

Braune Oliven und rauhe Steine

In der Verwandtschaft des Vaters lassen sich die Familienmitglieder, abhängig von Art und Aussehen, in zwei Gruppen unterteilen. Der Sohn sieht sie in Gedanken als braune Oliven und rauhe Steine vor sich. Die Geschwister eins, drei und fünf gehören zur ersten Gruppe, die Geschwister zwei und sechs zur zweiten. Das vierte Kind – ein Bruder – starb bereits in den siebziger Jahren und würde, wenn es denn zählte, zu den Oliven gehören.

Diese haben sanfte Augen, weiche, flaumbesetzte Ohren und vorspringende Wangenknochen, eine hohe Stirn und einen geraden Rücken. Ihr Bauch wölbt sich vor, aber mit einem tieferen Schwerpunkt, der ihn im Profil einem riesigen Regentropfen ähneln lässt. Wenn sie sprechen, lehnen sie den Kopf zurück, wenn sie sich bewegen, geschieht es mit mineralischer Ruhe. Irgendwo im Gesicht sitzt ein Muttermal. Die Lippen sind weder schmal noch voll. Obwohl ihr Blick konzentriert ist, haben alle Probleme mit den Augen. Der Teint hat einen Ton von braunem Staub. Darüber hinaus gibt es angestautes Sonnenlicht. Die Oliven besitzen einen Kern aus Unverbrüchlichkeit, umgeben von Mitgefühl.

Die Steine sind dagegen ganz Wind, Wasser, Quecksilber. Der Kopf ist breit, die Ohren sind klein, aber fleischig, die Lippen voll. Die Stirn ist gleichsam viereckig, das Haar scheint seit jeher grau meliert gewesen zu sein. Obwohl ihre Augen nicht blau sind, denkt man es. Sie lachen gern, sind oft aufbrausend, kneifen andere mit Vergnügen in die Wange. Wenn sie sprechen, reden sie auch immer mit den Händen. »Das sind alte Freunde.« (Zwei Zeigefinger aneinandergerieben.) »Kommt nicht in Frage!« (Beide Hände abwärts gestreckt, zehn gespreizte Finger.) »Was soll ich sagen?« (Ein Arm fällt mit offener Handfläche rückwärts über die Schulter, wie ein sterbender Schwan.) In Wahrheit sind die rauhen Steine weich und federnd wie Kissen.

Und der Vater? Der Sohn mag sich nicht entscheiden.

Politik, III

Die politischen Trennlinien verlaufen mitten durch die Familie. Der Vater der Geschwister mag Sympathien für das Königshaus gehegt haben, die auf zwei seiner Kinder abfärben, aber der entscheidende Unterschied besteht nicht darin, ob sie in jungen Jahren für die Monarchie oder für eine Republik gewesen sind, sondern ob sie sich heute dem linken oder rechten Lager zuordnen lassen. Der Sohn stellt sich die Geschwisterschar wie einen Blutkreislauf vor. Da sind die roten Arterien (die Geschwister zwei, drei und fünf) und die blauen Venen (die Geschwister eins, vier und sechs). Der Sauerstoffgehalt mag variieren, aber das Blut ist Teil desselben Systems. Die Adern brauchen einander und halten sich in der Balance, was möglicherweise der Grund dafür ist, dass die Familie nie von den Konflikten auseinandergerissen wurde, die während des Bürgerkriegs und in der Zeit danach andere Familien zerstörten.

In jungen Jahren entzieht sich der Vater dem großen Kreislauf, indem er mit den Anarchisten sympathisiert, zum Ende hin nimmt er eine unabhängige Haltung ein, die nicht viel von kategorischen Aufteilungen hält. Nur in den Jahren seiner Berufstätigkeit fühlt er sich der roten Seite verpflichtet, obwohl die schwedische Steuerpolitik ihn zeitweise zur Verzweiflung bringt. Lange weiß er, welche Partei die richtige für das Heimatland ist, ganz sicher, doch gegen Ende seines Lebens wird auch er enttäuscht. Während sich die Positionen der Geschwister nie verändern, sucht der Vater nach Nuancen. Vielleicht bildet er den kleinen Kreislauf in der Familie – gleichermaßen das eine wie das andere, selbstversorgend. Der Sohn fragt sich, ob seine Geschwister deshalb mehr auf ihn als aufeinander hören. Oder ob das an anderen Umständen liegt, zum Beispiel an dem Cousin-den-man-niemals-erwähnt.

Der Vater liest ein Buch und gibt anschließend Ratschläge

»Vertraue niemals Biographien. Zu viele Ereignisse im Leben eines Menschen sind unsichtbar. Für andere ebenso unzugänglich wie unsere Träume.« Pause. »Manchmal auch unzugänglich für uns selbst.«

Lockerungsübungen

Der Sohn weiß, dass er mehr über den Vater weiß, als dem Vater unter Umständen bewusst ist. Der Sohn weiß auch, dass der Vater mehr über seinen Sohn weiß, als der Sohn ahnen kann. Bei diesem Gedanken wird ihm warm. Er denkt an trockenen Sand unter den Schulterblättern. An hohle Hände. An zuverlässige Kleiderhaken. Er denkt auch an den unbenutzten Teil der Papierbogen.

Wenn er über die unsichtbaren Ereignisse nachdenkt, empfindet er jedoch Hilflosigkeit. Er fragt sich: Was geht im Vater vor, als er am Fußende der Treppe liegt und die Hunde an seinem Gesicht schnüffeln? Als er seine zweite Gedichtsammlung auspackt, die gerade aus der Druckerei gekommen ist? Als er beschließt, ihr den Titel *Spuren* zu geben? Als er in einer Liveübertragung interviewt wird und der Reporter ihn fragt, wie Auslandsgriechen zum Wiederaufbau des Landes beitragen können? Als er von der *tirópita* der Schwägerin nicht genug bekommen kann, obwohl er weiß, dass dies tagelange Beschwerden nach sich ziehen wird? Als er den Kopfhörer justiert und dem Bericht des Sohns über die Situation der Einwanderer im Schweden der sechziger Jahre lauscht? Als er mit seinem neugeborenen Enkelkind allein ist? Als er zum Friedhof fährt, um die Grabstelle zu inspizieren, die er und seine Frau soeben gekauft haben? Als er am Grab der Eltern und danach an dem des geliebten Cousins vorbeigeht? Als er sich daran erinnert, wie ein mittlerweile verstorbener Bruder sagte: »Ich weiß, dass es noch weh tut, obwohl es vor langer Zeit passiert ist«? Als er stolpert und sich tüchtig weh tut, weil der ungeduldige Sohn möchte, dass er schneller geht? Als er seine Tochter im Teenageralter im Blasorchester der Stadt Flöte spielen sieht, zusammen mit einer Kolonne fünfzigjähriger Angestellter in Uniformen mit Achselraupen, die Hälfte von ihnen sicherlich ehemalige Juntaanhänger? Als er von der Poliklinik zu der Wohnung spaziert, die ihm und der Mutter in einem nordschwedischen Industriestädtchen zur Verfügung gestellt wird? Als er die Rückfahrkarte nach Schweden verfallen lässt? Als er einen Neunzehnjährigen besucht, der ein Jahr in Athen verbringt, und ihm der Geruch von ungewaschenen Haaren und Verwirrung in die Nase steigt? Als er auch noch die Lampe am Eingang abschraubt und die Tür zu dem Haus abschließt, das er gerade verkauft hat? Als er in einem weißen Ford Falcon in sein Heimatdorf zurückkehrt? Oder als er nach einem halben Leben im Ausland die Lippen auf den heißen Asphalt der Landebahn presst?

Der Sohn hat keine Ahnung, wie er mit den unsichtbaren Vorgängen im Vater umgehen soll. Schließlich stellt er sie sich wie Tropfen vor, die auf Papier fallen, es allmählich aufweichen.

In der nordschwedischen Poliklinik

Als der Vater einsieht, was seine Frau längst weiß – griechische Löhne decken keine schwedischen Lebensgewohnheiten –, zeigt er sich willens, die Hilfe seiner Kinder anzunehmen. Er begreift jedoch, dass Studienkredite nicht ewig reichen werden, und setzt sich mit früheren Kollegen in Verbindung. Schließlich lässt er sich vom Dienst befreien, um eine Aushilfsstelle in jenem Land anzunehmen, von dem er glaubte, er hätte es verlassen. Und so verbringen er und seine Gattin einen Sommer in einer nordschwedischen Poliklinik.

Während der Vater Diagnosen stellt, nimmt die Mutter Anrufe entgegen. Während er Medikamente verschreibt, leert sie Bettpfannen. Und wenn er von Kollegen aus dem Heimatland angerufen wird, stellt sie das Radio an. Ein solches Leben schätzt die Mutter nicht sonderlich. Sie denkt an die Tochter, die sie auf Kreta zurückgelassen haben. Sie sorgt sich um das Sommerhaus, das verfällt, und den Garten, der verwildert. Dennoch sieht sie keine Alternative. Und im übrigen freut sie sich darüber, selber Geld zu verdienen. Eins muss ihrem Gatten jedoch klar sein: Von nun an hat er auf sie zu hören. Der Vater wird erstaunlich kleinlaut. Als sie die Koffer wieder packen, einigen sie sich darauf, den Aufenthalt aus ihrem Gedächtnis zu verbannen.

Nur ein Schneidebrett erinnert an diese Zeit. Wenn die Mutter das Essen vorbereitet, wird sie jedes Mal von ihren früheren Arbeitskollegen in der Verbannung gegrüßt. In eine Ecke des Bretts hat jemand mit einem Lötkolben eingebrannt: *Grüße von uns in Hagfors.*

Gelehrte Korrespondenz

Der Stolz des Vaters, als er die Adresse auf den Brief an seinen Sohn schreibt, der im Ausland studiert, übertrifft fast alles. Er hat genaue Instruktionen bekommen und buchstabiert akribisch: *À monsieur.* Als er den Namen geschrieben hat, kann er sich jedoch nicht mehr zurückhalten, sondern zeichnet einen Pfeil zwischen Anrede und Name, um zu ergänzen: *cand. phil.*

Fünfakter mit Replik

DER FÜNFUNDZWANZIGJÄHRIGE (ein Sohn) verbringt mit der SCHWESTER (eine Schwester) einen Monat auf Kreta. Er hat gerade ein Jahr in Paris studiert, sein Kopf ist voller Abstraktionen. Nach ein paar Tagen trifft er DIE NEUROLOGIN (eine Neurologin) und DEN MIKROBIOLOGEN (einen Mikrobiologen). Sonstige Personen: DIE MUTTER (eine Mutter), DER VATER (ein Vater). Beide abwesend.

Prolog. DIE NEUROLOGIN spricht mit spürbarer Wärme über DEN VATER, der den Sommer in Nordschweden verbringt. Sie sagt zudem Dinge, die DEN FÜNFUNDZWANZIGJÄHRIGEN erkennen lassen, dass er selbst Gesprächsthema gewesen ist. Dinge, die Sprache und Erfahrungen der zweiten Generation betreffen. DER FÜNFUNDZWANZIGJÄHRIGE fühlt sich sowohl geschmeichelt als auch auf unerklärliche Weise bedroht.

Erster Akt. Gemeinsam fahren DIE NEUROLOGIN und DER FÜNFUNDZWANZIGJÄHRIGE in einem alten Toyota auf der Insel herum – besuchen Bergdörfer, baden, rauchen, trinken Mojitos. Und unterhalten sich ununterbrochen in einer Weise, die das Herz leicht wie eine Feder, reif wie eine Feige werden lässt. DER FÜNFUNDZWANZIGJÄHRIGE fühlt sich von Eindrücken berauscht, von Gedanken aufgewühlt. Er ahnt, dass es ein Wissen jenseits der Worte gibt.

Zweiter Akt. Nach einer Woche fragt sich DER FÜNFUNDZWANZIGJÄHRIGE, ob DIE NEUROLOGIN vielleicht doch mit ihm flirtet. Ihre Aufmerksamkeit ist mehr als Interesse, aber doch sicher weniger als Begierde? Er gewinnt den Eindruck, dass sie an etwas heranzukommen versucht, was nicht zu ihm gehört. Er vertraut sich niemandem an. Er beschließt, sich der Situation gewachsen zu zeigen.

Dritter Akt. DER FÜNFUNDZWANZIGJÄHRIGE tut, was er kann, damit sich DER MIKROBIOLOGE nicht ausgeschlossen fühlt. Er besucht die Freunde nur, wenn beide zu Hause sind, oder, falls das nicht geht, in Gesellschaft DER SCHWESTER. Dennoch findet DIE NEUROLOGIN Wege, ihn zu treffen, wenn DER MIKROBIOLOGE im Labor ist oder DIE SCHWESTER sich mit anderen Freunden trifft. Eines Tages will sie ihm ein Buch zeigen, das ihr zufolge DEM VATER viel bedeutet – aber es kann nur an einem besonderen Ort auf der Insel gelesen werden. Als sie die Quelle oben in den Bergen erreichen, bekommt DIE NEUROLOGIN jedoch plötzlich Kopfschmerzen. Sie wird weinerlich, lässt den Fünfundzwanzigjährigen bestimmen, was sie tun sollen, benimmt sich wie ein Kind. Als wolle sie für ihr Tun keine Verantwortung übernehmen. In einer Taverne erklärt DER FÜNFUNDZWANZIGJÄHRIGE, dass sich manche Dinge nicht wiederholen sollten. Jetzt wird DIE NEUROLOGIN ebenso plötzlich ausgelassen – beginnt zu trinken, zu lachen, bis ihr Tränen in die Augen treten, entschuldigt sich. Sie hätte nicht gedacht, gesteht sie, dass DER FÜNFUNDZWANZIGJÄHRIGE so sehr er-weiß-schon-wem ähnelt.

Vierter Akt. In diesem Akt fühlt sich DER FÜNFUNDZWANZIGJÄHRIGE mehr als je zuvor wie der Vater. Und weniger als je zuvor.

Fünfter Akt. Auf dem Heimflug denkt DER FÜNFUNDZWANZIGJÄHRIGE an DIE MUTTER.

Epilog. DER VATER: »Ich möchte behaupten, dass Dramen dieser Art nur von jungen Männern geschrieben werden dürfen.«

In tausend Jahren nicht

Der reumütige Vater weiß, dass seine Frau ihr Leben mit einer Fürsorglichkeit schützt, die zu erwarten er auch in tausend Jahren nicht das Recht erwerben kann. Als er jedoch sieht, wie sie die nordschwedischen Abrechnungen durchgeht, Briefe schreibt, während er selbst mit Kreta telefoniert, oder vor der näher rückenden Heimreise packt, betrachtet er nicht die heimliche Hüterin des Daseins. Er sieht eine neunzehnjährige Kunststudentin mit eigensinnigem, aber untrüglichem Blick und sicheren, eleganten Bewegungen, er sieht eine Einundzwanzigjährige, die aus dem Zug aus Wien steigt, umstandslos ihre Koffer fallen lässt und auf dem Bahnsteig auf ihn zuläuft, er sieht eine schwangere Gastgeberin, die in einem Abendkleid zwischen smokingbekleideten Gästen navigiert, nachdem sie, wie er weiß, die halbe Nacht aufgeblieben ist, um es fertig zu nähen, er sieht eine Mutter von zwei Söhnen, für die manche Kollegen im Krankenhaus ihre rechte Hand hergeben würden, die sich der männlichen Blicke jedoch nicht einmal bewusst zu sein scheint, er sieht eine Kapitänin, die gerade ihren Bootsführerschein gemacht hat und das vom Dorfelektriker ausgeliehene Motorboot steuert, als hätte sie nie etwas anderes getan, er sieht eine Frau, die in ihren Händen die ersten reifen Birnen des Gartens wiegt und erklärt, so sollten sie sein, gleichwertig, aber dennoch unterscheidbar, er sieht sie nachdenken und hinzufügen: und für die Kinder austauschbar, er sieht einen Menschen, der seit so vielen Jahren an seiner Seite geht, von denen er nicht einen Monat oder eine Minute missen möchte, trotz des Kummers, den er ihr manches Mal bereitet hat. Und er weiß, dass die Selbständigkeit seiner Gattin so geartet ist, dass sie sogar über der Freiheit steht. Nein, nicht in tausend Jahren, nicht in tausend Jahren.

Mysterium, Teil zwei

DER GESTERBTE: Oh, deine Mutter ist kein Mensch, den man als gegeben hinnimmt.

Hauptquartier mit Aufzug

Während einer Übergangsphase pendelt der Vater zwischen den Ländern. Dann ziehen seine Frau und der jüngere Teil der Familie nach. Im ersten Winter wohnt man in einem Vorort von Athen und wartet darauf, eine passende Behausung zu finden. Dann ergibt sich etwas in einer Querstraße zu einem zentralen Platz, und er schlägt zu. Die Wohnung ist riesig, wie eine an Land gezogene Jacht, mit Salons, Serviergängen und einem privaten Aufzug. Als die Familie sie besichtigt, gerät die Mutter ins Wanken. »Und wie sollen wir das hier deiner Meinung nach schaffen?« Sie lacht, hält sich aber an einem Türpfosten fest. Ihr Gatte bekommt seinen Warum-verlässt-du-dich-nicht-auf-mich?-Gesichtsausdruck. Als sie in den Flur zurückkehren, fragt er, ob der Sohn den Keller sehen möchte.

Der knarrende Aufzug ist eng wie ein Schuhkarton. Es stellt sich heraus, dass die Kellertür abgeschlossen ist.

Auf dem Weg nach oben erzählt der Vater, dass die Wohnung früher dem Zeremonienmeister des Königs gehörte. Im Krieg lag auf der anderen Seite des Hinterhofs die Gestapozentrale. Er hebt die Augenbrauen, presst die Lippen zusammen. Der Sohn versteht. Das sollte man der Mutter lieber nicht sagen. Möglichst lange nicht.

Ganz einfach

Die Fenster in der neuen Wohnung stehen offen. Auf dem Hinterhof hört man Kinder spielen – Rufe, Lachen, schnelle Schuhsohlen. Die Geräusche hallen zwischen den Gebäuden, es klingt, als wären es um ein Vielfaches mehr. Die Mutter betritt das Zimmer, schüttelt den Kopf, sagt an niemand Bestimmten gewandt: »Es gibt keine Musik wie diese.«

Endlich kann der Vater seine Was-habe-ich-dir-gesagt?-Miene aufsetzen.

Abendschule

An einem Nachmittag ruht die Mutter mit einer Decke auf den Füßen, dem Nachttisch zugewandt. In der einen Hand hält sie ein Buch, die andere Hand ist unter das Kissen geschoben. Neben ihr liegt der Vater auf dem Rücken, mit Blättern auf seinem Bauch und dem Fußboden. Er hält noch eine DIN-A4-Seite, aber die Augen sind geschlossen, der Mund steht offen.
Als die Mutter den Sohn in der Tür hört, fragt sie ihn, ohne sich umzudrehen, was ihr Mann macht. Der hustet, seufzt und mit klebriger Zunge sagt: »Das Innerste im Menschen studieren.«

Das Mutterschiff

Nachdem sie in der Hauptstadt eine Wohnung gefunden haben, kann der Vater sich auf das konzentrieren, wovon er während der Jahre im Ausland geträumt hat: ein Zuhause zu erschaffen, das die Familie niemals wird verlassen müssen. Zusammen mit seiner Frau inspiziert er die Umgebung seines Geburtsdorfs. Es dauert einige Jahre, aber schließlich finden sie den perfekten Ort und kaufen wenige Kilometer jenseits der Gemeindegrenze einen Olivenhain. Dort bauen sie ein Sommerhaus, das mit der Zeit winterfest gemacht wird. Die Mutter zeichnet die ersten Pläne, ein Architekt überarbeitet sie. Die Arbeit schreitet schubweise voran. In einem Jahr wird ein Brunnen gebohrt, im nächsten ein Keller ausgeschachtet. Wände werden gegossen und Dächer gedeckt, Kanalisation und Elektrizität werden installiert. Von der oberen Etage aus kann man mit etwas gutem Willen und einem Fernglas oben im Dorf das gelbe Elternhaus mit seinem Balkon erkennen. Als schließlich der Hausrat eintrifft – darunter achtzehn Esszimmerstühle, eine eigens entworfene Eingangslampe sowie Küchenstühle, die auf einmal seltsam ausländisch wirken –, besteht das Haus aus ebenso vielen Quadratmetern Veranda wie Wohnfläche. Einsam steht es inmitten von Feldern und Hainen, weiß und fremd wie ein Raumschiff aus der Zukunft.

In einer Ecke des Grundstücks wird ein Zementfundament gegossen. Ein Bauer wird angeheuert, der mit seinem Traktor hin und her fährt. Eine Woche später ist die Fläche mit Tausenden faustgroßen Steinen gefüllt, die aus einem ausgetrockneten Flussbett in der Nachbarschaft geholt wurden. Hier soll der Tennisplatz entstehen, von dem eines der Kinder träumt. Das restliche Grundstück wird mit Obstbäumen bepflanzt. Rasenflächen und Gemüsebeete werden angelegt, Zäune werden aufgestellt und Hibiskussträucher säumen den Weg. Fünfzehn Jahre später hat man Teile der Veranda überdacht und sogar den Keller winterfest gemacht. Die uralte Eiche auf der Rückseite des Hauses wird mit einem weiß gekalkten Sockel geschmückt, flankiert von einer halbmondförmigen Sitzbank, beides aus Zement. Das Arrangement lässt einen an ein Amphitheater denken. Nicht einmal elektrische Lichterketten in den Baumkronen fehlen. Oder eine Hundehütte an der Einfahrt – groß wie ein Holzschuppen, mit Dachziegeln, eigenem Wasser und gefliestem Boden.

Nur der unfertige Tennisplatz verfällt. Meterhohes Unkraut wächst zwischen den Steinen. Der Zement bekommt Risse, Echsen und Schlangen ziehen in die Hohlräume. Wer es nicht besser weiß, könnte meinen, es handelte sich um eine Landebahn für eine minderbemittelte Luftwaffe.

Privatgrundstück. Betreten verboten!

DER GESTERBTE: Muss die ganze Welt von meinen Jahren als Bauherr erfahren? Alles geschah für den Privatgebrauch. Warum stellst du in deinem Buch keine Schilder auf?

Der zweite Essay über Hände

Wenn der Vater schreibt, zieht er Druckbuchstaben vor. Die Schriftzeichen sehen aus wie jene, die der Sohn selbst zustande bringen könnte, nur stabiler und hübscher. Eines Tages findet der Sohn jedoch im Keller einen Schuhkarton mit Fotos aus der Zeit vor Häusern und Kindern. Auf der Rückseite einer Aufnahme sind der Name einer Hauptstadt, ein Monat und eine Jahreszahl notiert. Das Bild muss in der ersten Woche im neuen Land aufgenommen worden sein, bevor der Erneut-Blut-Hustende in ein Sanatorium südlich der Stadt aufgenommen wurde. Der ungewöhnlichen Handschrift nach zu urteilen – S, t, k, l, m ... – hat der Vater als Kind keine lateinischen Buchstaben gelernt. Der Sohn fragt sich, ob es das große *S* mit seiner Andeutung eines abschließenden Sigmas ist, was ihn verrät. Oder ob es eher das kleine *k*, das *h* und das *l* mit ihren unnatürlich hohen Schnörkeln sind – als wären sie ein besonderer, auf drei verschiedene Arten geformter Buchstabe, abhängig vom phonetischen Zusammenhang. Es lässt sich unmöglich sagen. Er weiß nur, wenn der Vater schreibt, enthält seine Hand immer auch einen anderen.

Solenn

Der Sohn kann sich an dem Foto nicht sattsehen. Dort geht der Vater, so alt wie er selbst in diesem Sommer, mit einem zusammengerollten Trenchcoat und einer Zeitung in der Hand – nachdenklich, unergründlich. In dem schwarzen Anzug, den er von seinem Vater übernehmen durfte, mit Pullover, Hemd und Krawatte sowie blankgewienerten Halbschuhen sieht er ebenso lässig wie formell aus. Doch warum wurde das Bild beschnitten? Ging ein anderer an seiner Seite? Der leicht steife linke Arm könnte darauf hindeuten. Oder wurde die Aufnahme von Flaneuren gestört? Und wohin sind dann ihre Schatten gekommen? Die einzigen anderen Menschen sind ein Paar im Hintergrund, das Waren in einem Geschäft studiert, sowie ein Mann in einem hellen Überzieher, der sich in einem Schaufenster spiegelt.

Den Sohn überkommt unbändige Lust, den Vierundzwanzigjährigen zu begleiten, sein Schatten zu werden. So will ich dich bewahren, murmelt er dem Vater zu – lange bevor er selbst denkbar ist. Feierlich auf dem Weg in die Zukunft.

Wahrheit mit Präzisierung

EIN SOHN: Wo warst du in deinem Leben am liebsten?
DER GESTERBTE: Schwer zu sagen. Vielleicht unterwegs.
EIN SOHN: Du meinst, in Bewegung?
DER GESTERBTE: Mm-nn. Auf der Landstraße. Barfuß.

Das unter den Fußsohlen Befindliche

Der Sohn schlägt in einem Wörterbuch nach. Dort lernt er unter anderem, dass das griechische Wort, nach dem er sucht, nicht nur »Spuren« bedeutet, sondern auch »Witterung« und »Fußsohlen«. Letztere Bestimmung spricht ihn an. Er entdeckt, dass eine Ableitung des Wortes sogar »das unter den Fußsohlen Befindliche« bedeutet – als ließen sich die Spuren eines Menschen ebenso wenig von ihm trennen wie sein Schatten.
Wenn die Abdrücke nicht von der Person entfernt werden können, die sie hinterlässt, müssen sie dann nicht greif- und berührbar bleiben? Der Sohn denkt, wenn es denn so ist, sucht er nach solchen Spuren – Umrissen, wie sie nur ein ganz bestimmtes Paar Füße hinterlässt. Während er weitersucht, bewegt er sich rückwärts in den Spuren des Vaters. Werden die Abdrücke, die er findet, noch körperwarm sein? Oder ist es die Aufgabe des Sohnes, ihnen neue Wärme einzuhauchen?

Fürs Protokoll

DER GESTERBTE: Manchmal fühlte sich das Herz an wie die Innenseite von Kies, manchmal wie saftigstes Apfelsinenfleisch. Oft befand sich Meersalz in den Adern. Nur dass du es weißt.

Nicht identifizierter Gegenstand

Der Sohn denkt darüber nach, was eigentlich eine Übertreibung ist.
Ist es eine, wenn der Vater die Muskeln anspannt und erklärt, er sei stark genug, ohne Rollstuhl zu gehen? Ist es eine, wenn er findet, dass der Sohn ruhig ein paar Tage früher als geplant heimrei-

sen kann, immerhin hat er selbst jede Menge zu tun? Ist die sichere Route eine, auf der er unterwegs zu sein meint, während alle sehen können, dass er in Serpentinen Berghänge hinauf- und hinunterwandert, durch Wälder und Städte, an Wasserläufen entlang und auf Seitenstraßen – ebenso zielstrebig wie unsicher, was den Untergrund betrifft? Ist die Zahl der Tage eine, die Bekannte seinem Wunsch nach übernachten sollen, wenn sie zufällig in der Nähe sind? Ist die vermutete Freude der Mutter über die Esszimmerstühle, mit denen er sie überraschen will, eine? Sind die Abzahlungspläne eine, die in einer anderen Kreditanstalt zu Protokoll gegeben werden sollten, als derjenigen, die er in diesem Moment aufsucht? Ist es eine, wenn er darum bittet, das Lammgericht besonders scharf gewürzt zu bekommen, er liebe scharfes Curry, während der Blick des pakistanischen Kellners Unterstützung beim Sohn und dem Freund des Sohnes sucht? Oder ist es eine, wenn er sagt, ein Befriedigend in Neugriechisch reiche völlig aus?

Es kann jedenfalls keine sein, wenn der Vater die Lippen zusammenpresst und andeutet, es tue nicht weh, er müsse sich nur daran gewöhnen, mit einem Brustkorb voller sprießender Hämatome zu atmen. Oder wenn er erklärt, dass er nur zu gern ein stilles Büro gegen ein von lärmenden Kindern bevölkertes Sommerhaus eintauschen würde. Oder wenn er die Geschichte von dem Schwager und dem Stier erzählt und versichert, dass er sich schon auf die Weide geworfen hätte, wenn es erforderlich geworden wäre. Oder wenn er müde, aber ernst mitteilt, er benötige weitere Stunden, um das Gespräch mit seinem Kollege abzuschließen. Oder wenn er mit den Händen anzeigt, wie weit es noch ist, bis sie von der jugoslawischen Autobahn abfahren können. Oder wenn er mit einer Stimme so jung und grün wie Olivenöl erklärt, er liebe seine Frau, nichts werde daran irgendetwas ändern, auch wenn die Glieder eines Tages knarren sollten wie ein Baum.

Und es kann auch keine sein, wenn der Vater sagt, dass man seine Nachkommen ruhig als Ziegen, Wasser oder Himmelskörper betrachten könne. Hauptsache, es sei Verlass auf sie.

Interview, Teil eins

Wie war die Kindheit des Vaters? Sie essen am Omoniaplatz *bougátsa*, als die Frage gestellt wird. Der Vater hat gerade einem Roma-Jungen ein paar Münzen in die Hand gedrückt. Nun wischt er sich den Puderzucker vom Mund und wendet das Gesicht der Straße zu. Der Sohn rechnet damit, Erinnerungen zu hören, die er bereits kennt, wird jedoch vom tastenden Tonfall des Vaters überrascht. »Schwierig.« Pause. »Phantastisch.« Pause. »Was willst du von mir hören?« Schweigen.

Durchs Fenster sehen sie den Jungen an der Bushaltestelle betteln. Ihn im Auge behaltend erzählt der Vater, dass es im Grunde keine Kindheit gab. Nur Geschwister, Hühner und eine Dorfschule. Nur den Vater, der, umgeben von Konserven und Mehlsäcken, hinter der Ladentheke stand. Nur die surrenden Fliegen. Nur die Eiskiste aus Holz. Nur den Zopf und die warmen Handflächen der Mutter. Nur den ewigen Husten und den kühlen Erdfußboden unter den Fußsohlen. Nur die Priester, die nach Schweiß und Weihrauch rochen. Nur Fußball auf qualmenden Schotterplätzen und das Geräusch von Eseln um fünf Uhr in der Frühe. Nur Kaugummis mit Zimtgeschmack und teerige Zigaretten. Nur die ausgedienten Schulbücher der älteren Geschwister und den Gürtel darum. Nur denselben Gürtel, den der Vater zu anderen Zwecken benutzte. Nur Mücken, nur Sonne. Nur den gemeinsamen Sprung von einer Klippe und das Jod, das in den Schürfwunden brannte und die umliegende Haut rot färbte. Nur kalte Nächte und den Bruder, der sich im gemeinsamen Bett umdrehte. Nur die untätigen Tage voller Gedanken und Wind.

»Es gab keine Kindheit«, sagt der Vater und lächelt so vorbehaltlos, dass es den Sohn schmerzt. »Es gab einen Jungen und brennende Erwartung.«

Interview, Teil zwei

Und wie war die Jugend?
Der Vater zieht die Schultern hoch, geht ruhig und gefasst durch den Sprühregen. Die Jugend? Wie die Kindheit, wenngleich ohne Kinder. Nur Sonne und Zikaden. Nur Novemberkühle und geerbte Schuhe. Nur die ersten Straßen mit Makadambelag. Nur der Krieg und mehlige Bohnen. Nur der Krieg und wässrige Linsen. Nur lehmige Geländewagen und Schüsse oben in den Bergen. Nur die Geschwister, die größer wurden, umzogen und arbeiten gingen. Nur die letzten Jahre in der Schule an der staubigen Straße zum Meer hinab. Nur die aufmunternden Worte des Lehrers und der Ellbogen des Cousins in der Seite. Nur die Schulkameradin mit den langen Haaren, die eines Tages das Hotel der Eltern erben würde, sich vierzehnjährig aber noch mit einem so sonnigen und unverstellten Lächeln umdrehte, dass er wegsehen musste. Nur die Spaziergänge zu den Nachbardörfern und zurück. Nur das Jackett, das man am liebsten auf den Schultern tragen sollte, und die erste Zigarette in der Hand. Nur die ewigen Diskussionen über Mädchen. Nur die ewigen Diskussionen über Dichtung. Nur die ewigen Diskussionen über Politik. Nur der Dorfarzt, der dem Kranken auf die Brust klopfte und erklärte, er könne einen Nachfolger gebrauchen, der so interessierte Fragen stelle. Nur die Ziegen, die gehütet werden mussten, und die Gespräche mit dem besten Freund unter den Apfelsinenbäumen. Nur die dröhnende Hitze. Nur die Rennerei zu den Behörden und die Stempel, die für eine Reiseerlaubnis erforderlich waren. Nur die Hand eines Polizeichefs, die auf der Schulter des jugendlichen

Sohns des guten Freundes ruhte. Nur die Handfläche einer Mutter und die lange, schwarze Reise nach Athen.

»Es gab auch keine Jugend. Nur denselben Jungen, der sich wie ein Haus fühlte, das umgebaut wird. Nicht brennend, eher glühend.«

Der letzte Essay über Hände

Viele Jahre später sagt der Vater »So«, als er zeigen soll, wie sich die Handfläche einer Mutter anfühlt, wenn sie Abschied nimmt. Er drückt seine Hand an die Wange des Fragenden. »Weiter als der Himmel.«

Die große Konstante

Als der Sohn klein ist und nicht einschlafen kann, beugt sich manchmal, riesig und warm, ein Schatten über das Bett. Behutsam lehnt der Vater sein Gesicht an Hals und Schulter, als gäbe es den Raum dort nur für ihn. Seine Atemzüge sind ruhig, erfüllt von den Geheimnissen eines Elternteils. Irgendwo darin liegt der Geruch, den der Sohn von Pullovern und Halstüchern kennt. Es ist eine Mischung aus trockener Erde, Oregano und der Definition von Wärme – als könnte man in ihm wohnen. Manchmal nimmt er auch, glatt und reptilienhaft, einen flüchtigen Duft von Alkohol vermischt mit herbem Tabak wahr. An seinem Ohr murmelnd verspricht der Vater, ihn nicht allein zu lassen, dann improvisiert er ein Lied. Wunschlos kann der Sohn, von dem duftenden Schatten eskortiert, in den Traum gehen.

Als er älter wird, steigt ihm der Geruch nur dann in die Nase, wenn sie sich begrüßen oder Abschied nehmen. Wie üblich kratzt der Bart des Vaters an der Wange, wenn sie sich küssen, aber sein

Geruch öffnet im Sohn immer noch Raum auf Raum. Er stellt sich vor, dass er einen Tunnel durch die Zeit gräbt und Plätze, an denen die Familie gewohnt hat, mit Orten verbindet, die Kindern und Ehe vorausgingen. Er kann nicht ausschließen, dass er sogar bis zu dem Schlafzimmer in einem gelben Haus führt, in dem sich an einem Märztag Anfang der dreißiger Jahre ein neugeborener Junge heiser schrie.

Mehr als Puls und Atem ist der Geruch die große Konstante des Vaters. Als er die Lippen auf die Wangen des Sohnes presst, berühren sie wie immer kurz die Mundwinkel. Die Feuchtigkeit trocknet langsam. Sie ist das Siegel des Geruchs.

Avantgarde

Nach dem Abitur verbringt der Sohn neun Monate in Griechenland. Die Medizinpläne liegen auf Eis, bis er auf eigene Faust sein Vaterland erkundet hat. Er reist an mit einem Koffer voller Bücher und einem von Nerven und Erwartung zittrigen Körper. Offiziell bildet er eine Vorhut mit dem Auftrag, das zukünftige Territorium der Familie zu erkunden. Insgeheim plant er jedoch, Vorstöße auf einem Gebiet zu machen, das, so hofft er, eines Tages sein eigenes werden wird. Er mietet eine *garzoniéra* – ein Zimmer mit Kochnische – auf dem Dach eines Gebäudes und ernennt sie augenblicklich zu seinem Hauptquartier. Bei Regen wird der Marmorboden der Terrasse glitschig, die Aussicht zwischen den Wäscheleinen ist grandios. Wenn er sich hinauslehnt, kann er einen Teil der Akropolis sehen. Rasch lernt er, zu den ruckenden Lauten aus dem Aufzugsschacht einzuschlafen. Er schreibt laufend Briefe und hat gerade angefangen zu rauchen. Eine Tür, die auf zwei Holzböcken liegt, ist sein Altar.

Dennoch verliert er in den folgenden Monaten Kraft. Er meidet den Sprachunterricht, trifft seine Verwandten immer seltener, verbringt die Tage auf seiner Matratze. Passend zum Dezemberregen erleidet er auf dem Dach Schiffbruch. Er glaubt an nichts mehr. Einen Tag bevor der Vater zu Besuch kommt, klebt er einen Abschiedsbrief an die Tür und löst anschließend eine Fahrkarte zu einer der Inseln vor der Hauptstadt.

Erst eine Woche später kehrt er zurück.

Der Vater ist besorgter als je zuvor, erkennt aber, dass er Ordnung in die trotzigen Erklärungen bringen muss. Er sieht sich genötigt zuzuhören, ohne zu unterbrechen. Er ist gezwungen, sich Gedanken über schmutzige Kleider und ungewaschene Haare zu machen, ohne sie zu kommentieren. Er muss überhaupt sehr ruhig bleiben.

Am Ende hat er trotzdem genug. Er legt seinen Arm um den Neunzehnjährigen, drückt ihn an sich, sagt eine Ewigkeit lang nichts. Dann spricht er das einzige Wort aus, das eine Vorhut hören muss.

»Mut.«

Stawrogin in der Kur

Der Sohn feiert Silvester in einem winterbedingt geschlossenen Kurhotel in der Nähe des Heimatdorfs seiner Familie. Einer seiner Onkel, Nummer sechs in der Geschwisterschar und der dem Vater am nächsten stehende, leitet das örtliche Fremdenverkehrsbüro und quartiert zugereiste Familienmitglieder in den »besseren Zimmern« ein – will sagen, solchen mit Kamin. Das Hotel ist von betagter Pracht durchweht. In den hohen, leeren Korridoren hallen die Schritte, abends glitzert die Glut des offenen Kamins im staubigen Kronleuchter des Speisesaals. Auf dem Tisch, den der Sohn in seinem Zimmer in der zweiten Etage ans Fenster geschoben hat, so dass er den Binnensee mit den Schwefelbädern am gegenüberliegenden Ufer sehen kann, steht eine militärgrüne

Schreibmaschine. Unangetastet. Er zieht es vor, unter den Decken auf seinem Bett zu liegen, wo er in einem Zug und nur unterbrochen davon, sich mit Proviant aus der Speisekammer des Hotels zu versehen, *Die Dämonen* liest. Als er Dostojewskijs Roman endlich zuschlägt, taumelt er durch die Flure, unsicher, ob er tatsächlich ein Nihilist ist.

Der Vater zur Mutter: »Geht er uns immer noch aus dem Weg?«

Und wie er sich üben muss

Der Vater, zu dessen Stärken Geduld niemals gehörte, erkennt, dass er keine andere Wahl hat: Er muss sich darin üben. Und wie er sich darin üben muss. Er lernt die Kunst, sich auf die Zunge zu beißen, er erkennt den Wert einer Faust in der Tasche, er sucht sogar Ermutigung in Blicken, die nicht töten wollen, aber es so gut verstehen abzuweisen, dass sie vernichten. Der Sohn durchläuft gerade Verwandlungen, und der Vater weiß, dass aus ihm nie ein Schmetterling wird, wenn man ihn daran erinnert, welch eine Larve er ist.

Supplement zur Frage der Sukzession

Zu dieser Zeit trägt der Sohn einen alten, schwarzen Strickpullover. In den Wintermonaten zieht er ihn täglich an. Er ist für ihn wie die Kutte für den Mönch. Der Pullover wird so sehr zu einem Teil von ihm selbst, dass er sich entblößt fühlt, als es Frühling wird und ein T-Shirt reicht. Dann denkt er an den Pullover, der gereinigt und fortgeräumt im Koffer liegt. Und lächelt. Im Herbst werden sie sich wiedersehen.

Doch im Oktober drückt ein enthusiastischer Vater den Finger auf seinen Nabel. »Den hatte ich an, als ich mein erstes Buch schrieb!« Es dauert Jahre, bis der Sohn den Pullover wieder eines Blickes würdigt.

Im Raum hängend

»So sprichst du nicht zu deiner Mutter.«
»Wenn ich nur begreifen könnte, was daran verkehrt sein soll, zu Ende zu bringen, was man einmal angefangen hat. Wie soll die Medizin denn sonst eine Chance bekommen?«
»Ich weiß. Aber jetzt ist es nun einmal so, dass du zuhören musst.«
»Kläffer, Kläffer.«
»›Entschuldigung‹ ist natürlich ein viel zu kleines Wort für einen Mund wie deinen?«
»Lass mich in Ruhe mit deiner Frechheit und deinen Theorien.«
»Ich wiederhole: So sprichst du nicht zu deiner Mutter. Wenn du so weitermachst, kannst du gehen.«
Eines Tages packt den Vater gleichwohl eine Wut, die größer ist als alle Geduld. Der Jugendliche ist in seinem Freiheitsdrang zu weit gegangen. Kurz bevor der Vater die Beherrschung verliert, erklärt der Sohn finster: »Aber du hast keine Ahnung, wie sehr ich euch liebe. Wirklich nicht.«
Die Hand hält inne, bleibt hängen. Wie Worte im Raum.

Definition von ...

Später wird der Vater denken: Ich kann ihn nicht davor bewahren, in Seenot zu geraten. Er muss mich davor bewahren, es versuchen zu müssen.

Der Hangar

Die Jahre vor dem Umzug nach Griechenland verbringt die Familie in jener südschwedischen Universitätsstadt, in der die Eltern zwanzig Jahre zuvor geheiratet haben. Diesmal ist ihr Zuhause ein vierhundert Quadratmeter großer Bungalow mit noch einmal halb so viel Wohnfläche im Untergeschoss. Die Behausung wurde vom Direktor des führenden Zementunternehmens im Lande erbaut und ähnelt einem Fabrikgebäude. Die Mutter hegt den Verdacht, dass man das Haus auf Satellitenfotos problemlos erkennen kann. Als sie die Kinder bittet, die Flure abzuschreiten, kommen sie auf eine Gesamtlänge von neunzig Metern. Der eingebaute Kühlschrank hat die Größe eines Umkleideraums, die Sauna im Keller könnte einer Tanzcombo inklusive Instrumente Platz bieten. Während die Kinder energisch diskutieren, wer wo wohnen soll, ist der Vater glücklich. Er tauft das Haus auf den Namen »Der Hangar« und stellt sich vor, dass die Bewohner ihn eines Tages verlassen werden – frisch lackiert und startklar.

Mal hierhin, mal dorthin

Während der Jahre im Hangar fühlt sich der Vater stolz, erschöpft, als der Größte auf Erden. Er jongliert mit drei Stellen und arbeitet mehr denn je. Zeitweise kommen Verwandte zu Besuch, die medizinische Versorgung benötigen, unter anderem eine Cousine mit ihrem kranken Mann. Die beiden wohnen im Keller und verändern für ein paar Wochen die Essgewohnheiten. Die Kinder gehen in die Schule, die Ehefrau eröffnet im repräsentativen Teil des Hauses eine Galerie, nicht einmal eine Homestory in der Lokalzeitung fehlt. Wenn der Flottillenadmiral zufällig nicht sein Schlafdefizit ausgleicht, zieht er sich in die Bibliothek mit eigenem Ausgang zum Garten zurück. Für ein paar Stunden kann er mit seinen Reflexionen über das Innerste des Menschen allein sein.

Mit Ausblick auf den einzigen Apfelbaum des Grundstücks versucht er zu schreiben. Nach dem Sturz der Militärjunta zwei Jahre zuvor kann er sein Heimatland wieder besuchen, aber wenn er nun nach Worten sucht, kommen ihm nicht nur die in den Sinn, mit denen er aufgewachsen ist. An seiner Pfeife ziehend wird er unsicher, ob er das Blatt in die Maschine mit den griechischen oder mit den lateinischen Buchstaben einspannen soll. Es kommt vor, dass er den Bogen mit einem halbgeschriebenen Text herauszieht und in die andere Walze steckt.

Der Vater kann sich auf dieses Wanken keinen Reim machen. Es hat verdammt noch mal den Anschein, als hätten die Zeichen von alleine angefangen zu wandern.

Und wenn es die ganze Nacht dauert

Manchmal verkündet der Vater, die Mutter und er bräuchten Zeit für sich. Sein Ton ist ernst, aber fürsorglich, es wird der Eindruck erweckt, dass er etwas für seine Frau tun möchte. Einmal besuchen sie das Kunstmuseum nahe Helsingör, ein anderes Mal fahren sie zu einer prähistorischen Stätte an der Südküste, oder sie gehen in einem Gasthof in irgendeinem Fischerdorf essen. Die Ausflüge erinnern sie daran, wer sie zwanzig Jahre zuvor waren – als sie in der derselben Stadt, aber auf dreißig Quadratmetern wohnten, allein mit einem Waschbecken in der Ecke und einer zwischen Türpfosten und Gardinenstange gespannten Leine. Die frisch eingetroffene Österreicherin arbeitete im Kulturhistorischen Museum, der angehende Arzt widmete seine Nächte Gedichten. Er stellte sich vor, die Tropfen, die mitunter von der Wäsche herabfielen, wären leise Schläge eines Metronoms. Zwischen den Geräuschen wurden sie gemeinsam viele Atemzüge älter. Im Bett bewegte sich seine Frau kühl und märchenhaft im Schlaf.

Ein Vierteljahrhundert später sind sie immer noch jung, aber nicht mehr allein. Als der Vater vorschlägt, zum windigen Strand hinunterzugehen, spürt er den Hüftknochen seiner Frau an seinem, und wird von Gefühlen übermannt. An seiner Seite bewegt sich ein so großer Teil des Menschen, zu dem er geworden ist, dass er sich fragt, wie es ihm eigentlich gelingt, mit nur einem Paar Beine aufrecht zu gehen. Er zieht den Knoten am Trenchcoatgürtel enger, füllt die Augen mit Meer. Für ein paar Minuten ist er wieder vierundzwanzig Jahre alt, keinen Tag mehr.

Als die Eltern nach Hause kommen, ist unübersehbar, dass der Vater den Ausflug nicht seiner Frau zuliebe gemacht hat. In ihm hat sich eine Sehnsucht angestaut, aus der er nicht klug wird. Während er den Mantel abstreift, denkt er, dass es in der Vergangenheit in irgendeiner Weise Zukunft zu geben scheint. Er ist sich nicht sicher, was das bedeutet. Aber nun gilt es, dieses verkehrte Tempus aufs Papier zu bannen. Und wenn es die ganze Nacht dauert.

Ehrenwort

Für die Mutter kommt es wenig überraschend, dass sich der Hangar im Unterhalt als teuer erweist. Als die Galerie sie nicht retten kann, spricht sie mit ihrem Mann. Der griechische Optimismus, mit dem er das meiste im Leben in Angriff nimmt, der ist phantastisch, sie möchte, dass er das weiß, aber vielleicht wäre es langsam an der Zeit, sich schwedische Tugenden anzueignen? Ein bisschen Maß zu halten *hat* Vorteile ... Wenn sie nicht bald etwas tun, können sie genauso gut die Koffer packen. Oder die Kinder verkaufen.

Zum ersten Mal denkt der Vater über sein Talent nach, sich zu übernehmen. Für einige Wochen verlieren die Tage ihre Form. Er liegt auf dem Bett, vergräbt sich in Arbeit, knattert auf den Schreibmaschinen. Während die Mutter das Tagesgeschäft regelt, geht er in die innere Emigration. Vier Kinder bewegen sich auf Zehenspitzen.

Als er schließlich wieder heraustritt, denkt er, dass das Leben dazu da ist, die Schönheit unentbehrlich zu machen. Er sondiert das Terrain unter Landsleuten, die er lange nicht mehr getroffen hat. Mehrere Wochen verbringt er seine Abende in Gaststätten oder im Freundschaftsverein und macht darüber hinaus Hausbesuche bei Kranken. Seine Frau lässt ihn gewähren – bis er eines Abends mit einer Einkaufstüte voller Geldscheine heimkehrt.

Der Vater ist verschwiegen, die Mutter bestürzt. Als die Kinder ins Bett gegangen sind, erzählt er von dem Besitzer einer Pizzeria, den er kennengelernt hat. Das Darlehen ist kein gewöhnlicher Kredit. Sie brauchen keine Zinsen zu zahlen oder zu tilgen, und eine Frist ist ebenso wenig gesetzt worden. Versteht sie, was er sagt? Es handelt sich um ein Geschenk. Die Mutter fragt sich, ob sie richtig gehört hat. Der Vater verlangt nicht, dass sie ihm beipflichtet, es reicht völlig, dass sie die Worte begreift, die er benutzt. Kapiert seine Gattin oder kapiert sie nicht? Es ist ein Geschäft zwischen Griechen. Er hat das Kostbarste gegeben, was er besitzt: sein Wort.

Am nächsten Tag begleicht er auf der Bank Zinsrückstände. Und schläft sicherheitshalber eine weitere Woche im Keller.

Aus dem Forschungszentrum für ausländischen Stolz

Beim Sohn treten unerwartet Magenbeschwerden auf. Die Mutter muss nicht lange nachdenken, um zu begreifen, dass sie weder auf die Ernährung noch auf sein Übergangsalter zurückzuführen sind. Sie fordert ihren Mann auf, seinem Kind zu erklären, wie der

Rettungsplan für den Hangar aussieht. Er widmet der Aufgabe einen Samstag. Spricht ruhig und mit Bedacht, wie zu einem Gleichgestellten, während sie im Garten Laub harken. Mit jeder Vertraulichkeit wächst der Sohn einige Zentimeter, eifrig nickend und den Kopf schüttelnd. Der Vater begreift hoffentlich, dass er auf seiner Seite steht? Gern würde er vor der Schule Zeitungen austragen, und könnte es im übrigen nicht eine gute Idee sein, den Nachbarn an den Wochenenden Hilfe bei der Gartenarbeit anzubieten? Schau, für das Schneiden von Hecken braucht er bloß ein paar Minuten. Danach richtet der Sohn – inzwischen zwei Meter und zwanzig groß – ein Forschungszentrum zum Studium ausländischen Stolzes ein.

So fällt ihm beispielsweise auf, dass ein ausländischer Vater niemals aufgibt. Sonst ist er kein ausländischer Vater. Was zu beweisen wäre.

So stellt er fest, dass für einen ausländischen Vater alle Kniffe erlaubt sind. Das heißt: alle, die keine im Keller verbrachten Nächte nach sich ziehen.

So kommt er zu dem Schluss, dass ungeputzte Schuhe, ungepflegter Bart, Übergewicht – alles an einem ausländischen Vater geliebt werden muss. Sogar eventuelle Herzinfarkte. Die ganz besonders.

Eines Tages, ahnt der Forscher, wird er zudem entdecken, dass er als Elternteil weniger ausländisch als der Vater ist.

Die Schönheit wird unentbehrlich

Lange nachdem der Vater Zeitungen und Gewürzdosen zur Seite geschoben hat, um eine Einkaufstüte auf dem Küchentisch abstellen zu können, gesteht er leise, sehr leise, dass er auch noch mit einer zweiten Tüte nach Hause kam. Der Sohn, der inzwischen ein Kind hat, erkundigt sich, was die Mutter dazu sagte und wie es ihnen gelang, das Darlehen zurückzuzahlen. Der Körper des Vaters bebt. »Ich war in der Hölle«, lacht er nur. »Bin aber wieder zurückgekommen. Und ich sage dir: Es war grandios.«

Der Sohn ahnt allmählich:

Ein Vater ist, streng genommen, ein wilder Begriff.

Etwas Gelbes, Glänzendes, halb Vergessenes

Im letzten Jahr der siebziger Jahre besucht der Sohn Zusatzkurse in den naturwissenschaftlichen Fächern, damit er sich für einen Studienplatz in Medizin bewerben kann. Als er auf der Suche nach hilfreicher Literatur in den Regalen der Bibliothek stöbert, findet er etwas Gelbes, Glänzendes, halb Vergessenes. Ein Kranium. Er verschwendet keinen Gedanken an das Haar oder die Haut, die den Schädel einmal bedeckt haben. Er kann nicht feststellen, ob er einem Mann oder einer Frau gehört hat. Er pustet den Staub vom Scheitel, reflektiert jedoch nicht darüber, dass er mit Gehirn, Knorpel, Blut gefüllt gewesen sein muss. Als sich der Staub verflüchtigt hat, fragt er sich nur: Wie ist er in den Besitz des Vaters gelangt?

Der Vater, der private Studien in Anatomie gern unterstützt, leiht seinem Sohn das Kranium gegen das Versprechen, es respektvoll zu behandeln. »Alles hat zwei Seiten.« Vorsichtig stellt der Sohn es auf seinen Schreibtisch. Aber statt die Hirnschale oder die Schläfenlappen zu studieren, dichtet er über Ruinen und Marionetten, über bösen, vorzeitigen Tod und fatale Familienangelegenheiten. Er zieht einen Rollkragenpullover an und tut so, als herrsche er über ein ungeahntes Reich, er erdreistet sich, das Kranium »unendlich lustig« und »außerordentlich humoristisch« zu nennen. Als Hamlet macht er jedoch nicht viel her, und nach ein paar Wochen gibt er den Schädel zurück. Sein leichtfertiges Handeln beunruhigt ihn noch lange Zeit später. Das Licht der Schreibtischlampe, die sich in der Tischplatte spiegelt, erinnert ihn an etwas Gelbes, Glänzendes, nur halb Vergessenes.

Tête-à-tête

DER GESTERBTE: Worte, Worte, Worte. Ich bevorzuge Menschen. Jetzt, im nachhinein, mache ich mir trotzdem so meine Gedanken. Stell dir vor, man könnte – nicht die Biographie, sondern die Mythologie eines Wortes aufschreiben?
    EIN SOHN: Denkst du an ein bestimmtes Wort?
    DER GESTERBTE: Nicht »der Gesterbte«. Vielleicht nicht einmal »Er-der-nach-trockener-Erde-und-Oregano-riecht-und-die-Definition-von-Wärme-ist«...
    EIN SOHN: Sondern?
    DER GESTERBTE: Papa. Was sonst?

Um Antwort wird nicht gebeten

Der Vater sitzt mit etwas da, was nach einem Brief aussieht. Es braucht eine Weile, um zu verstehen, dass er nicht liest. Als er das Blatt glatt streicht, sieht der Sohn, dass es sich um eine Todesanzeige mit schwarzem Rand handelt. Er hört den Vater einen ungewöhnlichen Namen aussprechen, dann erklären, dass seine Mutter zu sagen pflegte, die Erinnerung sei ein Gefäß und die Toten Wasser. Wer davon trinke, werde nur noch durstiger.
    Der Sohn will wissen, ob die Großmutter damit meinte, dass man die Toten stattdessen vergessen solle? Der Vater wird unerwartet schroff. Was für ein wahnwitziger Gedanke. Aber vielleicht muss man lernen, sich zu erinnern, ohne Antworten zu erwarten.

Auf eigenes Risiko

Während der Vater einen Arm ausstreckt, erzählt er von dem Verstorbenen. Sagt, dass er sechs Jahre alt war, als Atatürks Truppen ihn aus dem Dorf am Schwarzen Meer vertrieben. Dass er mit Mutter, Bruder und Schwester zu Fuß loszog – in ein Heimatland, das er nie zuvor besucht hatte. Dass die Mutter unterwegs starb, an Erschöpfung oder Diphtherie. Dass die Geschwister sich verloren und er seine Schwester niemals wiedersehen sollte. Dass er nördlich von Athen in einem Heim für elternlose Kinder einquartiert wurde. Dass er zunächst dort und später bei Pflegeeltern aufwuchs und so schnell wie möglich in die Hauptstadt ging. Dass er ein gutsortiertes Gehirn besaß und eine Stelle an einer Volksschule bekam, an der er schließlich als Rektor pensioniert werden sollte. Dass er im Krieg im Widerstand aktiv war. Dass er rätselhafterweise etwas Bulgarisch beherrschte. Dass er eines Tages rein zufällig seinem Bruder begegnete, den er nicht mehr gesehen hatte, seit er ein Kind war. Dass beide später behaupteten, die Zeit habe stillgestanden, während sie sich im Athen der fünfziger Jahre auf dem Bürgersteig umarmten. Dass keiner der Brüder danach mehr einen Tag verstreichen ließ, ohne sich beim anderen zu melden. Dass der Bruder sich jedoch zu den Lokalen um den Omoniaplatz hingezogen fühlte und man nicht sagen konnte, wovon er eigentlich lebte. Dass der Mann seine Frau bei seinem einzigen Besuch in einem Tanzlokal kennenlernte. Dass sie die Schwester vom Jugendfreund des Vaters war, dem Cousin-über-den-man-nicht-spricht, und gerade in der Hauptstadt zu Besuch. Dass es auch für sie der einzige Besuch in einem Tanzlokal war. Dass das Paar zwei Kinder bekommen sollte. Dass ihr älteres nach dem verlorenen Bruder der Frau getauft werden sollte und das jüngere nach der verlorenen Schwester ihres Mannes. Dass der Mann immer sehr ernst war. Dass es aussah, als hätte er praktisch keine Muskeln. Dass er stets die zuvorkommende Person mit pechschwarzen

Augen und weißen, kurzärmligen Hemden blieb, als die der Sohn ihn in Erinnerung hatte. Dass er einen Vornamen unklarer Herkunft hatte (vielleicht griechisch, möglicherweise hebräisch), der sich wahrscheinlich von einem Fluss ableitete, als dessen Bedeutung man »Gefäß« oder »Behälter« annahm, was sich darauf zurückführen ließ, dass Pilger auf dem Heimweg aus dem Heiligen Land Wasser aus dem Fluss mitnahmen. Dass seine Frau den Verdacht hegte, dass ihr Gatte nicht rein griechischer Herkunft war, aber nur, wenn man mit ihr unter vier Augen sprach, sonst wollte sie davon nichts hören. Dass der Mann behauptete, er könne sich an nichts aus der Zeit vor der Flucht erinnern. Dass seine Frau den Kopf schüttelte und flüsterte, die Erinnerungen ließen ihn im Gegenteil keinen Schlaf finden – woher sollten die Ringe unter seinen Augen sonst kommen? Dass auch sein Bruder sich nicht der Zeit am Schwarzen Meer entsinnen wollte, aber unfähig war, an etwas anderes als ausgerechnet daran zu denken. Dass beide wie Wasser waren, das aus einer unbekannten Quelle getragen wurde. Dass keiner von ihnen jemals die Kunst lernte, sich heimisch zu fühlen.

»Und deshalb«, sagt der Vater, nachdem sein Sohn den schwarzen Flor um seinen Ärmel gerade gerückt hat, »trinken wir auf eigenes Risiko aus der Erinnerung.«

Wasser und Wasser

Das mit dem Wasser geht dem Sohn nicht aus dem Kopf. Er begreift, dass die Erinnerungen ineinanderfließen. Er erkennt, dass die Umgebung auf sie abfärbt und sie, selbst wenn die Erlebnisse ursprünglich schwarz gewesen sein sollten, eines Tages rostrot oder grünspanfarbig erscheinen können. Er versteht sogar, dass man manche Erinnerungen trockenlegen muss, weil das Glück auch bitter oder die Trauer zu beißend sein kann. Aber was bedeutet es, auf das Trinken zu verzichten? Der Sohn denkt an Süß- und Salzwasser. Die Erinnerungen, von denen der Vater spricht, können nur vom Meer kommen.

Rollentausch

Als der Vater aus der Sauna tritt, vergewissert er sich, dass die Tür zum Badezimmer geschlossen ist. Er zieht es vor, mit dem Dampf noch eine Weile allein zu bleiben. Nachdenklich poliert er sein Gesicht im Spiegel hervor, studiert seine Züge. Die Jahre rinnen herab. Nun ist er wieder der eben erst angekommene Athener mit Glut im Zwerchfell. Er spannt die Muskeln an und lächelt, als er sieht, dass der Bauch sein Aussehen nicht ändert, sosehr er auch presst. Der Vater könnte sein eigener Nachfahre sein, gäbe es nicht diese Birne, die er mit sich herumschleppt.

Redaktionsbesuch

Der Sohn hockt mit Freunden im Keller um einen Tisch, seinen Augen fällt es schwer, an einer Stelle zu verweilen. Der Besucher, der im Jahr seiner Hochzeit mit der Gedichtsammlung *Ich singe meine Freude* debütierte, erklärt der Zeitschriftenredaktion soeben, was ein Gedicht sein kann. »Maus? Maulwurf? Es schlüpft einem immer aus den Händen.«

Der Sohn flucht innerlich. Sein Stuhl scheint verdammt noch mal mit Nadeln gespickt zu sein.

In der Jugend der Mythen

Das einzige Fach, das den Sohn auf dem Gymnasium in seinen Bann zu ziehen vermag, ist Latein. Die Satzkonstruktionen erinnern ihn an Uhrwerke – geschmeidig und ausgeklügelt, eine geheime Mechanik. Er schwänzt allerdings oft, hinkt hinterher und muss sich auf seine Schulkameraden verlassen, wenn ein Text eine dieser eleganten Ausnahmen vom Regelwerk offenbart, die er noch nicht gelernt hat. Wegen seiner Herkunft fällt es im allgemeinen ihm zu, Fragen zu Gestalten aus Mythos und Sage zu beantworten. Eines Tages erläutert er deshalb, dass Daidalos Handwerker, Erfinder und Bauherr war. Nach einer Pause ergänzt er: »Und Vater.« Anschließend liest die fünfköpfige Gruppe einen Ausschnitt aus den *Metamorphosen*.

In der Textstelle, die der Sohn übersetzt, geht es um den Herrn des Labyrinths. Bevor er Subjekt und Prädikat ausfindig machen kann, wird er gebeten, den Hintergrund zu erläutern. Er berichtet, dass Daidalos nicht nur das Bauwerk auf Kreta errichtete, in dem man das Monster gefangen hielt, sondern auch Ariadne den Tipp mit dem roten Faden gab, der aus dem Labyrinth herausführte. Er verhalf Ikaros zur Flucht, allerdings mit Flügeln, die schmolzen, als er zur Sonne aufstieg. Der Lehrer hält fest, dass Daidalos folglich von seinen eigenen Erfindungen überlistet wird. Könnte man ihn als einen Mann-dessen-Handeln-zwei-Seiten-hat betrachten? Der Gedanke sagt dem Sohn zu. Wenn es so ist, erscheint es nicht weiter verwunderlich, dass einem das Leben labyrinthisch vorkommt – *eine Mischung aus unzähligen Irrgängen*, wie es bei Ovid heißt. *Kaum findet er selbst / zur Quelle zurück*.

So wird er den Vater in den folgenden Jahren sehen. Dann passiert, was passiert, und er entdeckt in einem Zimmer mit Backsteinwänden eine Streichholzschachtel. Er betrachtet das Bild des Jungen mit den leeren Händen und denkt darüber nach, ob das, was man in der oberen Ecke sieht, vielleicht doch keine Apfelsine, sondern ein Knäuel ist. Er sinniert über die Feuerzungen in den Haaren und stellt sich vor, dass das Kind in Wahrheit auf dem Weg ins Labyrinth ist. Um seinen Vater hervorzubringen – wie die Wirkung ihre Ursache?

Noch eine These über ausländische Väter

XXIV. Wenn ein ausländischer Vater von einem Sohn hervorgebracht werden soll, muss alles, woraus er besteht, Verwendung finden, auch Treppen, Geheimkammern und enge Flure. Ein ausländischer Vater kann nur werden, wer er ist, wenn er in seinem eigenen Sinne hergestellt wird.

Geschäfte in Zürich

Bei einem Besuch in Kopenhagen lernt der Vater den Handelsattaché der griechischen Botschaft kennen. Die beiden freunden sich an und schmieden umgehend Pläne, die seine schwedischen Kontakte und die Beziehungen des Diplomaten zur griechischen Bürokratie voraussetzen. Möbel, Kleider, Herrenmagazine... Es gibt kaum etwas, wovon der Attaché nicht glaubt, dass es sich mit Gewinn ins Heimatland importieren lassen könnte. Frachtkosten? Zollgebühren? Ein Kinderspiel, solange der Freund die Lizenzen besorgt.

Der Vater tut, was in seiner Macht steht, um die Handelsbeziehungen zwischen den Ländern zu erleichtern, allerdings mit bescheidenem Erfolg. Nach einer Weile ruft der Diplomat nicht mehr an. Dennoch wird der Vater das Gefühl nicht los, dass sein Freund etwas hat, was für ihn noch von Vorteil sein könnte, wenn sich nur die richtige Gelegenheit ergeben würde. Ein halbes Jahr vergeht, dann klingelt es wieder. Ob sich der Vater den nächsten

Tag freinehmen könne? Der Attaché möchte nicht sagen, worum es geht, aber sein Freund kann beruhigt sein: Das Geschäft, das er im Auge hat, wird sie beide reich machen. Diesmal müssen sie nicht mit Versandfirmen verhandeln oder das Kleingedruckte in hundertseitigen Verträgen durchkauen. Es reicht, wenn sie sich auf dem Flughafen treffen. Als der Vater aufgelegt hat, fragt seine Frau, ob er noch ganz bei Trost sei. Er betrachtet sie mit einer Mischung aus Ernst und List und beteuert anschließend, sein Landsmann sei vertrauenswürdig. Er könne es sich nicht leisten, etwas Ungesetzliches zu tun, und im übrigen habe er selbst jede Menge Überstunden angesammelt.

Am nächsten Morgen wird der Vater mit Dokumenten ausgestattet, die seine kurzfristige diplomatische Immunität bestätigen, woraufhin die Männer nach Zürich reisen. Dort verbringen sie den Tag untätig in einer Lounge sitzend in Erwartung einer Person, die sie nicht kennen. Und die auch nicht zu kommen scheint. Eine Stunde bevor ihr Rückflug ausgerufen wird, nähert sich schließlich doch noch ein elegant gekleideter Herr. Man geht rasch zum Geschäftlichen über. Der Vater, dem die Aufgabe übertragen wurde, schweigend dabeizusitzen und kultiviert zu wirken, ähnelt mehr denn je Jurij Schiwago. Höflich verfolgt er die Verhandlungen, die auf Englisch geführt werden.

Obwohl das Thema unklar ist, benötigt der Vater nicht lange, um zu erkennen, dass der Fremde für den Handelsattaché zu gerissen ist. Einmal gibt der Diplomat vor, sich beraten zu müssen, und sagt ein paar Worte in seiner Muttersprache. Dem Lächeln des Fremdlings lässt sich entnehmen, dass ihm klargeworden ist, es mit Griechen zu tun zu haben. Unbedacht entschuldigt sich der Vater auf Deutsch, woraufhin der Mann ihm in dieser Sprache antwortet – zuvorkommend und wohlformuliert, mit einem vagen, aber hörbaren Akzent. Ein Israeli? Georgier? Armenier? Der Wortwechsel verändert die Atmosphäre. Auf einmal wird vom Vater erwartet, dass er die Geschäfte führt, deren Gegenstand er nach wie vor nicht kennt. Der Attaché, der kein Deutsch spricht, muss hilflos und in dem Bewusstsein zusehen, dass ein einziges unvorsichtiges Wort alles zunichtemachen kann.

Das Gespräch schreitet in wohlwollenden Andeutungen fort, die aufreizend unklar bleiben. Der Fremde wählt seine Worte mit Bedacht und zeigt die ganze Zeit, dass er es ernst meint, verrät dabei aber mit keiner Miene, worum es eigentlich geht. Stattdessen steht er nach einer halben Stunde auf, verneigt und bedankt sich. Verbindlich bis zuletzt. Nachdem er gegangen ist, würde der Attaché vor Wut am liebsten heulen. Als sich der Vater erkundigt, was die Alternative gewesen wäre, zeigt der Diplomat mit Daumen und Zeigefinger, wie wenig sie davon entfernt gewesen sind, Wiederverkäufer südafrikanischer Diamanten zu werden.

Am nächsten Tag erfährt die Familie vom Verlauf der Reise. Der Vater schüttelt bewundernd den Kopf. Das Lächeln des Fremden geht ihm nicht mehr aus dem Sinn. Der Vater erkennt, wenn er seinen Meister gefunden hat.

Weitere fünf Thesen über ausländische Väter

XXIII. Ein ausländischer Vater spricht an öffentlichen Orten oft zu laut. Dies wird besonders deutlich, wenn er einen jugendlichen Sohn um Hilfe bitten will.

XXII. Wenn ein ausländischer Vater dem Blick seines Sohnes in einem Geschäft begegnet, in dem sie neue Fußballschuhe kaufen wollen, kann er sich nicht erinnern, selbst jemals so gnadenlos ausgesehen zu haben. Der ausländische Vater zückt daraufhin das Portemonnaie. Plötzlich hat er beschlossen, nicht zu feilschen.

XXI. Wenn ein ausländischer Vater möchte, dass eine Vorlesung in der neuen Sprache berichtigt wird, erwartet er, dass ein Sohn tut, was er selbst getan hätte, wenn er nur die Zeit dazu gefunden hätte. Als er den Text zurückbekommt, ruft er deshalb, die Augen auf die Blätter gerichtet, an den Rücken gewandt, der soeben die Bibliothek verlässt: »Ich sagte berichtigen. Nicht umschreiben.«

XX. Ein ausländischer Vater spricht niemals schlecht über andere Menschen. Er macht sich höchstens über sie lustig.

XIX. Die Hände eines ausländischen Vaters. Es klingt merkwürdig, aber: Sie ereignen sich.

Nachsicht

DER GESTERBTE: Nimm es mir nicht übel, mein Sohn. Es ist nur so, dass deine Worte mich ermüden.

Besuch eines zukünftigen Paten

An einem Wochenendmorgen klingelt es an der Tür des Hangars. Der Vater, der gerade sein Frühstück beendet hat, blickt verstohlen zu seiner Frau. Seine Besorgnis ist spürbar und spontan. Als die Kinder verneinen, dass sie Freunde erwarten, geht sie nachsehen. Unmittelbar darauf kehrt sie mit einem Mann in einem Collegesweater zurück. Er stellt sich als ein Grieche heraus, der seit langen Jahren in Kalifornien klassische Sprachen lehrt. In diesem Jahr hat er die Funktion eines Koordinators für Austauschstudenten inne. Der Mann wohnt mit seiner Familie außerhalb der Stadt und ist gerade die zwölf Kilometer gegangen, um einen Sozialmediziner zu treffen, von dem ihm andere Landsleute erzählt haben. Den restlichen Tag verbringen die beiden in Gespräche vertieft. Als der Vater zurückkehrt, nachdem er den Gast heimgefahren hat, benimmt er sich wie ein Junge. Man muss kein Genie sein, um zu erkennen, dass er einen Freund fürs Leben gefunden hat.

Verloren in der Vergangenheit

Eine Woche später kommt der Mann mit seiner amerikanischen Frau und zwei Kindern zu Besuch. Beim Abendessen erzählt er von seiner Kindheit und Jugend im Nordwesten Griechenlands und davon, wie ihm ein Pfarrer nach dem Bürgerkrieg zur Flucht verhalf. Er war siebzehn und der älteste Sohn in der Familie. Der Vater befand sich auf der Seite der Verlierer, was Jungen, die alt genug waren, eine Waffe zu tragen, in Gefahr brachte.

Mit der Zeit wendet sich das Gespräch den Themen Schullaufbahn und Ausbildungen im Ausland zu. Der Sohn merkt, dass sein Vater stiller ist als gewöhnlich. Nach dem Essen kehrt er nicht in sein Zimmer zurück, sondern leistet den Erwachsenen Gesellschaft. Inzwischen kreist das Gespräch um Abschied und Sehnsucht. Schließlich wird die Frage gestellt, auf die er gewartet hat: Wann hat der Vater sein Heimatland verlassen und warum? Es ist die Ehefrau des Landsmannes, die sich danach erkundigt. Der Befragte schweigt, schaut sich um, seufzt und lacht gleichzeitig. Anschließend erzählt er, was der Sohn schon oft gehört hat. Dass er als Sechzehnjähriger nach Athen gegangen ist. Dass er das Gymnasium besuchte und gern schwarze Hemden trug – »nicht wie die Rechten, sondern wie die Anarchisten«. Dass er an Tuberkulose erkrankte und deshalb die Ableistung seiner Wehrpflicht aufgeschoben wurde. Dass er während einer Demonstration sein Hemd am Fahnenmast seiner alten Schule hisste. Dass dies an einem Freitag geschah, einem schwarzen Freitag. Dass er von der Sicherheitspolizei gesucht wurde und erkannte, während eine kalte Hitze seinen Körper durchlief, dass er soeben seine Zukunft aufs Spiel gesetzt hatte. Dass eine Schwester in sein Heimatdorf fuhr und es ihr dank des dortigen Polizeichefs, der ein Freund der Familie war, gelang, einen Pass und ein Ausreisevisum zu besorgen, bevor die Suche nach dem Vater am folgenden Montag wiederaufgenommen wurde. Dass er das Land mit nur wenigen Dollar und einer Adresse in der Tasche verließ. Dass er nach Lausanne reiste, wo ein Bekannter eines Bekannten wohnte, zwei Wochen später jedoch nach Wien weiterreiste ...

Während die Frau staunt, dass ein Hemd Grund genug sein kann, um einen zum Verlassen seines Landes zu zwingen, dreht der Vater ein Obstmesser. Etwas an seinem Verhalten wirkt unschlüssig. Als gebe es in der Vergangenheit mehrere Türen und als könne er sich nicht entscheiden, welche von ihnen er nehmen soll. Zum ersten Mal spürt der Sohn, dass der Vater seine eigene Geschichte ungern erzählt.

Im Labyrinth

DER GESTERBTE: Die Vergangenheit besteht aus vielen Türen. Nicht jede lässt sich öffnen.

Introvertierter Ikaros

Danach denkt der Sohn über Ereignisse nach, die sich nicht zurückverfolgen lassen. Die in einem Menschen eingeschlossen bleiben, unerreichbar für andere und vielleicht auch für ihn selbst. Die möglicherweise sogar ausradiert werden. Solche Ereignisse lassen sich nur als Abwesenheit darstellen. Und deshalb regt sich im Sohn allmählich der Verdacht, dass er es schätzen lernen muss, wenn der Vater auch aus Unzugänglichkeit besteht.

Er stellt sich Dinge vor, wie sie in den Büchern vorkommen, die er verschlingt: Verrat, Wunder und Heldenmut, unerwiderte Liebe und stechende Hilflosigkeit. Aber ihm schwebt auch eine schmale Hoffnung vor, die bis zum Filter heruntergeraucht wird und wie ein Glühwürmchen in der nächtlichen Dunkelheit zittert, an einer unsichtbaren Hand, bis sie nach einigen unruhigen Bewegungen wie ein Faden aus glühendem Licht viele Meter voraus verschwindet. Der Sohn denkt, wenn es einem Menschen nicht gelingt, Erlebnisse dieser Art auszuradieren, müssen sie zusammengerollt und eingekapselt werden. Zerstörung mag ihre Absicht sein, Schaden ihr Ziel, aber wenn sie von den eigenen Händen oder denen anderer umschlossen werden, stillschweigend gepflegt, können sie vielleicht weiterleben, ohne Schaden anzurichten. Getrocknete Sonnenblumen. Knäuel aus gefrorenem Feuer. Rotverschiebung.

Viel später fragt er sich, ob ihn der Faden, dem er folgt, zu einer Tür führen wird, hinter der noch immer etwas Heimliches brennt. Außerdem fragt er sich, ob es dessen Wärme ist, was er, sanft, aber kitzelnd, in seiner Handfläche spürt, wenn er sich bückt und die Fußspuren des Vaters berührt. Er weiß es nicht. Er weiß nur, dass Handflächen auch die Aufgabe haben zu schützen.

Besteck

MESSER. Als keiner am Tisch etwas sagt, lehnt sich der Vater vor und rollt die letzte Apfelsine zu sich wie die Katze einen Ball – konzentriert und zugleich verspielt. Wohl wissend, dass ihm die Aufmerksamkeit der Familie gehört, greift er nach dem Messer. Ruhig und systematisch schneidet er acht Furchen von Pol zu Pol. Anschließend entfernt er die orangefarbigen Blätter, teilt die Schnitze auf und schiebt sie wie Gondeln in die Tischmitte. Zu seinem Erstaunen möchte keiner mehr etwas. Als er ergebnislos gedrängt hat, isst er selbst sämtliche Schnitze – sorgsam, bedächtig.»Mmwiesonne«, sagt er, als er sich mit dem Handrücken den Mund abwischt. Die Finger glänzen.

GABEL. Eines Jahres wird Ostern im Heimatland des Vaters gefeiert. Am Sonntag ist die Familie bei jemandem eingeladen,

den er nur flüchtig kennt. Es zeigt sich, dass der Gastgeber ein großes Haus mit Pferdestall, Swimmingpool und Schafherde besitzt. Er empfängt sie mit einem Küchenhandtuch im Hosenbund und stellt ihnen der Reihe nach Männer vor, die allesamt Brüder oder Schwäger sind, und von denen mehrere im Ausland arbeiten. Der Sohn wird hinzugerufen, um von seinem Plan zu erzählen, in Heidelberg Medizin zu studieren. Danach wird ihm die Ehre zuteil, die Delikatessen auf dem Grill zu kosten. Höflich nimmt er die Gabel entgegen, bleibt dann im Kreise der Männer jedoch unsicher stehen. Sein Magen revoltiert, der Vater befreit ihn von der Gabel. Langsam senkt er das Essen in seinen Mund, kaut gewissenhaft, schluckt genüsslich. Anschließend entschuldigt er sein Benehmen – aber als er die Lammhoden sah, habe er sich einfach nicht beherrschen können. »*Thaúma*«, erklärt er an den Gastgeber gewandt. Der Sohn lächelt verkrampft, fühlt sich zwei Nummern zu groß.

UND LÖFFEL. Der Vater, der weiß, wo die Birnen in Cognac sind, ruft nach dem Sohn. Er gibt ihm einen Löffel, dann öffnet er den Mahagonischrank, in dem auf grünem Filz manierlich die guten Gläser zittern. Ganz hinten findet er das Glas mit seinem in braungelben Tönen schimmernden Inhalt. Als der Sohn den Kopf schüttelt, entfernt der Vater die Versiegelung, aus der hervorgeht, dass die Birnen auf einem Schweizer Flugplatz gekauft wurden. Er steckt den Löffel hinein, kostet den Sud, lächelt. Nach zwei Fruchthälften schert er sich nicht mehr um den Löffel, führt das Gefäß stattdessen direkt zum Mund. Der alkoholhaltige Sirup läuft aus den Mundwinkeln, er hat kaum geschluckt, ehe er seine Zähne schon in die nächste Hälfte schlägt. »Nun kommt schon«, stöhnt er und versucht auch noch die letzten Fetzen mit der Zungenspitze zu erreichen. Dann schraubt er den Deckel zu. Auf seinem Nasenrücken sieht man den Abdruck des Glasrandes.

El Desdichado

Man kann nur herzlich lachen, wenn ein frischgebackener Punker behauptet, sich nicht sicher sein zu können, ob seine Eltern wirklich seine richtigen Eltern seien. Bei seinen Geschwistern verhält es sich anders: Immerhin hat er mit eigenen Augen den Bauch der Mutter wachsen sehen. Nicht weniger als drei Mal. Aber wie wollen sie beweisen, dass er dieselben Wurzeln hat? Vielleicht wurde er im Gegenteil adoptiert? Oder der Storch kam ...
Belustigt den Kopf schüttelnd verlässt der Vater das Zimmer. Sein Erstgeborener liest zu viel französische Poesie. Als er seiner Frau von dem Gespräch erzählt, fragt er jedoch: »Warum sagt er so etwas?«

Abgesagter Ausflug

Laute Stimmen, Möbelscharren.
DER FÜNFUNDVIERZIGJÄHRIGE: Du muss aber auch alles in Frage stellen.
DER SECHZEHNJÄHRIGE: Und bei dir steht alles außer Frage.

Überwältigt

Manchmal muss der Vater dem Jugendlichen, dünn und hässlich von Gefühlen, trotz allem zuhören. Was gesagt wird, ist alles andere als amüsant. Er hört das Zittern in der Stimme des Jungen, er erkennt, dass dies nicht der richtige Zeitpunkt ist, um Einwände zu erheben. Bei solchen Gelegenheiten wird er von Scham überwältigt. Aber es gibt stärkere Dinge. »Komm«, sagt er. »Sei nicht traurig. Ich bin's für dich.«

Was noch?

Der Vater hat eine Eigenschaft, die der Sohn nicht leugnen kann, so rebellisch er zeitweilig auch sein mag. Obwohl das sechzehnjährige Herz schwarz und undurchdringlich ist, findet er den Weg hinein. Er sprich über anderes, lacht und redet vertraulich, ehe er das Gespräch langsam zum Wichtigen zurückführt. Oder er senkt die Stimme und wird inbrünstig – es geht um sie, gegen den Rest der Welt. Überhaupt achtet er aufmerksam auf alles, was der Sohn wollen könnte, ohne dafür irgendetwas zu erwarten. Am Ende bleibt dem Rebellen nur, sich an dieser Bereitwilligkeit zu stoßen und mit Nebensätzen so scharf wie Rasierklingen unwiderruflichen Schaden anzurichten. Dann legt der Vater die Hände auf seinen Kopf. »Ich werde verschwinden, Bert. Was willst du mehr?«

Wenn ein Vater ...

eine Uhrzeit wäre: halb drei am Nachmittag.
eine Farbe wäre: granatapfelkernrot.
ein Geräusch wäre: an den Rändern grün angelaufenes Lachen.
noch ein Geräusch wäre: Atemzüge durch die Nase.
ein Blick wäre: sanft, aber konzentriert.
ein Wunsch wäre: alles.
ein Körperteil wäre: der Oberschenkel.
ein Geruch wäre: von Wärme.
zwei weitere Gerüche wäre: Oregano etc.
ein Wort wäre: *Ja.*
Wenn ein Vater all dies oder mehr wäre: sammeln, in eine Schachtel stopfen, schütteln.
Repaparatur.

Operation Abschied

Als die Familie den Hangar aufgibt, wird nichts zurückgelassen. Zum ersten Mal fragt sich der Sohn, ob der Vater möglicherweise ein wenig missgünstig sein könnte. Der Putzschrank wird geleert, die Hutablage abmontiert, sogar die Kupferlampe im Eingangsbereich, die der frühere Besitzer eigens anfertigen ließ, wird mitgenommen. Dann bezieht man eine Wohnung in Erwartung der Weiterbeförderung ins Heimatland, wo eine ordentliche Professur wartet. Und das Dasein wieder von null anfangen muss. Am letzten Tag kommt der längst ausgezogene Sohn zu Besuch. Durch die Flure treibt gemächlich Staub, an der Decke verzweigen sich Elektrokabel. Er versucht sich zu vergegenwärtigen, wie das Elternhaus aussah, hat jedoch Mühe, sich zu erinnern. Fünf Jahre sind nicht fort, aber weggeräumt. Er hat das Gefühl, dass soeben eine Operation mit militärischer Präzision durchgeführt wurde.

Karriereweg

DIE EHEFRAU (*lachend*): Ach nicht? Angefangen haben wir im Trollebergsvägen. Damals warst du Student der Medizin. Anschließend kamen die Magnus Stenbocksgatan und die Östra Vallgatan, wo du cand. med. wurdest. Ab dem Slåttervägen stand Dr. med. auf den Rezepten. Danach folgte die Syster Estrids gata (Aushilfsprov.-Arzt), die Wohnung in der Hvitfeldsgatan, die ich neu strich, in der wir aber nie wohnen durften, und die Erik Dahlbergsgatan (weiterhin Aushilfsprov.-Arzt). In der Klostergatan warst du Dr. med., FA für Chirurgie. Genau wie in den Jahren in der Villa Seeblick. Als wir in den Lagerbrings väg zogen, wurdest du FA für Sozialmedizin, im Skogalundsvägen warst du stellvertretender OA und im Nicolovius väg OA. Jetzt befinden wir

uns in der Stora Södergatan und du bist vor kurzem Priv.-Doz. Dr. med. geworden. (*Pause*) Was kommt noch?
DER MANN (*nachdenklich, dann vertraulich*): Dreizehn Wohnsitze. Nicht viel. Dann sind wir also kaum öfter als alle zwei Jahre umgezogen?

Episode unter Fichten

Die Jahre vor dem Hangar werden in Mittelschweden verbracht. Der Gedanke, dass sein Heimatland nun sechshundert Kilometer weiter südlich liegt als zuvor, beunruhigt den Vater. Als die Junta fällt, kann die Distanz jedoch mit Hilfe von Charterflügen überbrückt werden, und im übrigen ist es durchaus möglich, Europa mit dem Auto zu durchqueren. Die fünf Junitage mit Koffern auf dem Dachgepäckträger sind im Vergleich zu den Monaten im Heimatdorf nicht der Rede wert. Obwohl er seine Arbeit routiniert verrichtet und es bei dem Gedanken an neue Stellen in den Adern kribbelt, findet er sich mit der Situation ab. Gleiches gilt für die Eigenheimsiedlung, in der man mit Nachbarn zusammenwohnt, die Kinder im gleichen Alter haben. Besorgniserregender erscheint ihm die Erkenntnis, dass seine Kinder ihre Spielkameraden umso unwilliger aufgeben werden, je älter sie werden. Der Vater, der eine schwedische Karriere macht, erkennt, dass seine Familie auf dem besten Weg ist, sesshaft zu werden.

Größter Grund zur Sorge ist jedoch etwas anderes. Der Sohn kämpft sich gerade durch die Mittelstufe. Nachdem er die Klasse gewechselt hat, hören die Schikanen auf, aber die Gefahr ist deshalb längst nicht gebannt. Um seine Stellung auf dem Schulhof zu stärken, bewegt er sich in den falschen Kreisen. Kommt spät nach Hause, sagt nie, was er treibt, reagiert trotzig auf alle Versuche, Vertrauen aufzubauen. In der Garage steht rätselhafterweise ein Moped, das der Vater im Verdacht hat, derartig frisiert zu sein, dass es einen Ford einholen könnte. Als außerdem zwei Mädchen in der Klasse schwanger werden und ein Schulkamerad in einer Einrichtung für schwer erziehbare Jugendliche landet, erkennt er, dass es Zeit wird, die Koffer zu packen. Eine Anzeige in der Ärztezeitung genügt, um ihn zuschlagen zu lassen.

Im übrigen muss der Sohn nicht jedes Wochenende werkeln

In den siebziger Jahren ist Schweden ein fernes Land. Während der jugendliche Sohn in der Garage Kolben feilt, wächst das Gefühl des Vaters, in der Verbannung zu leben. Zwar ist sein Dasein mit Spülmaschine und Seegrastapeten ausgestattet, aber umgeben von Nadelwäldern leidet er an Atemnot. Um Dampf abzulassen, scheucht er die Familie ins Auto. Mindestens einmal im Monat verbringt man das Wochenende auf Landstraßen. Ein paar Stunden Hafturlaub im Sommerhaus an der südschwedischen Ostküste, ist das etwa zu viel verlangt?

Noch ein Schild

DER GESTERBTE: Diese Jahre hätten mich fast meine Familie gekostet. Können wir hier nicht auch ein Schild aufstellen?

Ausgeschlossen

In seltenen Fällen kommt der Vater auf knisternden Leitungen durch. Auf diese Weise erfährt er, wie es in seinem Heimatland zugeht. Er hört von Freunden, die fortgegangen sind, und Inseln, die überbevölkert sind, obwohl gar keine Touristensaison ist, er erfährt, dass Nachbarn ihre Arbeit verloren haben und in der Verwandtschaft Krankheiten wüten, er lauscht den Berichten über Geldmangel und Zeitungen, in denen keine vernünftigen Nachrichten stehen – und wird vorsichtig. Der Vater spricht nicht mehr über neue Schritte auf der Karriereleiter, er erzählt nicht vom Umbau des Sommerhauses oder dem neuen, auf Kredit gekauften Auto, er wählt seine Worte mit Bedacht. Die Berichte sind so niederschmetternd, dass sie ihn mehr quälen, als die Stimmen der Geschwister ihn erfreuen. Wenn er auflegt, besteht sein Herz unweigerlich aus Kies. Er hebt nochmals den Hörer ab, hört jedoch nur, wie das monotone Geräusch in kurzes Tuten übergeht. Ausgeschlossen. Er ist ausgeschlossen.

Brief an einen l. Bruder, mit dem man sich das Bett geteilt hat

»L. Bruder, in deinen blauen Aerogrammen erkenne ich das Meer. Wenn ich ein neues aufschlitze, bin ich jedes Mal verblüfft: Es ist nichts darin. Trotzdem lassen mich die Worte an der Oberfläche in die Vergangenheit sinken.

In der Nacht nach einem Brief liege ich meistens wach. Oder erwache schlagartig um drei Uhr. Etwas, was du schreibst, schlägt Löcher ins Gedächtnis, und ich kann an der ersten Zeit in Schweden und unseren gemeinsamen Jahren in Wien vorbei bis zu der Zeit daheim zurückschauen. Ich sehe Mutters Hände, wenn sie Eier verquirlt. Ich höre die Geschwister aus der Schule zurückkehren und die gackernden Hühner auf dem Hof auseinanderstieben. Ich spüre Vaters Gegenwart am Tisch und weiß, ohne ihn ansehen zu müssen, dass er Zeitung liest. Wenn ich meine Frau neben mir atmen höre, denke ich an dich und dass wir in dem Bett neben der Küche tatsächlich gemeinsam Platz fanden. Dann erinnere ich mich, wie wir um vier Uhr morgens aufstanden, um bei den Netzen zu helfen. Wie wir an den Fensterladen unseres Cousins klopften, damit er auch mitkommen konnte. Wie die Hände rochen, wenn man das nasse Seil hielt, das durch die Finger glitt, bis der Anker den Grund erreichte. Wie die Sonne auf dem Messer funkelte, während wir die großen Fische ausnahmen. Wie sich die Straße unter den Fußsohlen anfühlte, wenn wir zur Schule rannten. Wie wir um die Wette liefen, wie wir sangen. Wie die Sardinen schmeckten, wenn Mutter sie am selben Abend briet, paniert in Ei und etwas Mehl.

Meine Frau weiß von alldem so wenig. Aber wenn ich sie neben mir höre, denke ich an deine Atemzüge. Dann seid ihr nur schwer auseinanderzuhalten. Dies und vieles andere enthalten deine Aerogramme. Dass eine Oberfläche so vielem Platz bieten kann, eine Außenseite ihrem eigenen Inhalt. Ich erinnere mich auch, dass du mich im Schlaf getreten hast. Ich trete zurück. Und umarme dich.«

Freie Bahn

Der Bescheid kommt Ende Juli 1974. Die Obristen haben für die Zeit bis zu den ersten freien Wahlen im November des Jahres eine Übergangsregierung eingesetzt. Drei Wochen später darf der Vater endlich sein Heimatland besuchen. In der Brusttasche stecken ein schwedischer Pass sowie verschiedene Bescheinigungen, die seine Bedeutung für das schwedische Gesundheitssystem betonen, falls die Behörden auf die Idee kommen sollten zu verhindern, dass ein alter Flüchtling sein Rückflugticket benutzt. Er schafft es gerade noch, die Lippen auf die Landebahn zu pressen, als die Militärpolizei ihn auch schon zu sich winkt. Der Vater ist nicht der erste Landsmann, der von der Heimkehr überwältigt wird. Der Asphaltkuss kostet ihn eine Nacht und viele Dollar Visumsgebühr.

Am nächsten Morgen donnert das Herz wie eine Pferdeherde. Durch die Glasscheibe sieht er seinen müden Bruder in der Ankunftshalle warten. Dreiundzwanzig Jahre.

Verschworene Gemeinschaft

Im folgenden Sommer macht sich die Familie bereit, durch ein Deutschland zu reisen, das aus Autobahnen besteht. Nachdem sie Verwandte in Österreich besucht haben, geht die Fahrt durch Jugoslawien weiter. Geld ist Mangelware, die ältesten Söhne werden gebeten, im Auto zu schlafen. »Jemand muss das Gepäck bewachen.« Der Vater gibt ihnen Taschenlampen und die Anweisung, auf keinen Fall die Scheibe herunterzukurbeln, falls jemand klopfen sollte. Anschließend trägt er die jüngsten Kinder zur Mutter, die auf dem Fußboden des Motelzimmers eine zusätzliche Schlafstatt einrichtet. Die ganze Nacht hindurch strömender Regen.

In Athen warten drei Schwestern und ein Bruder. Als der Wagen in die kleine Straße in Piräus eingebogen ist und vor der Gartenpforte des Bruders parkt, stehen die Geschwister auf der Veranda von ihren Stühlen auf. Für ein paar Stunden verliert der Vater seine Autorität. Während seine Schwestern sich darum zanken, wer neben ihm sitzen darf, wird er zwanzig Jahre jünger. Ununterbrochen küssen sie ihn auf und kneifen ihn in die Wange, keine von ihnen erträgt es, ihn ohne *loukoúmi* auf dem Teller zu sehen. Die älteste Schwester – einer der rauhen Steine der Familie – ist Lehrerin und besteht aus Lachen und Gesten. Ihre Brust wird von Puderzucker befleckt, der sich nicht mehr abwischen lässt. Die mittlere Schwester – eine braune Olive – ist das Gehirn der Familie. Sie hat dem Vater damals den Rat gegeben, nach dem Vorfall mit dem Hemd ins Ausland zu gehen. Während der Studienjahre in Wien, wo sich auch der Bruder einige Zeit aufhielt, ehe er in die Heimat zurückkehrte, schickte sie jeden Monat Dollarscheine in sorgsam versiegelten Briefumschlägen. Jetzt möchte sie alles über die Pläne des Vaters für den Sommer erfahren. Auch die jüngste Schwester ist eine braune Olive und trägt die Haare hochgesteckt wie Sophia Loren. Sie ist Sportlehrerin, kinderlos und mit einem

Bahnhofsvorsteher verheiratet, der niemals erfahren wird, dass seine Gattin sieben Jahre älter ist, als er glaubt.

Von allen Geschwistern steht dieser Bruder dem Vater am nächsten. In der Kindheit teilten sie sich ein Bett, während der Jahre in Wien eine Wohnung, und obwohl ihre politischen Sympathien immer noch weit auseinanderliegen, herrscht eine Selbstverständlichkeit in ihrem Umgang miteinander, die dem Sohn gefällt. So verhalten sich Menschen, die sich aufeinander verlassen können. Während die Geschwister über ihren anderen Bruder, den Textilfabrikanten, sprechen, der zwei Jahre zuvor an einem Herzinfarkt gestorben ist und dessen Witwe inzwischen jeden Kontakt zur Familie abgebrochen hat, wandern die Augen des Sohns zwischen Steinen und Oliven hin und her. Trotz ihrer unterschiedlichen Art kann er sich keine größere Zusammengehörigkeit vorstellen.

Kleiner Bruder Erzengel

Drei Tage später dauert es ebenso viele Stunden, den knappen Kilometer durch den Geburtsort zu rollen, von der Landstraße bis zum Elternhaus hinauf, das der Vater im Alter von sechzehn Jahren verließ. Die Nummernschilder verraten den Reisenden. Er kurbelt das Seitenfenster herunter, grüßt, bremst, lacht. Mit jedem Meter kommen neue Menschen hinzu. Männer und Frauen machen auf Eseln oder Mopeds halt, Ladenbesitzer treten aus ihren Geschäften. Auch die Gäste in den Cafés erheben sich. Jeder erklärt, wer er ist, und will den verlorenen Sohn des Dorfs danach nicht ziehen lassen.

Als der Wagen den oberen Teil des Dorfs erreicht, steht der älteste Bruder des Vaters mitten auf der Straße. Das Gerücht kommt schneller voran als der Ford Falcon. Der Bruder trägt eine lange blaue Schürze, seine ausgestreckten Hände sind mehlbestäubt. Nacheinander küsst er seine Schwägerin, vier Kinder und schließlich seinen kleinen Bruder. Als er ihn loslässt, hinterlässt er weiße Flügel auf seinen Schultern.

Polareis

Der Vater erklärt, dass seine Kinder Durst haben. Der Bruder schlägt mit der Hand auf eine Gefriertruhe. Sie sei vielleicht nicht so toll wie die Kühlschränke, an die sie im Norden gewöhnt sind, aber hier gebe es alles, was das Herz begehrt. Ein echter Nordpol. Er zieht vier Flaschen aus dem klirrenden Inneren. Als der Sohn ausgetrunken hat, fragt er, ob er hineinsehen dürfe. Der Onkel versteht ihn falsch und nickt, solange er seine Schuhe ausziehe, bitte. Kurz darauf befindet er sich in der Truhe, Hände und Knie gegen qualmende Eisblöcke gepresst. Neben ihm liegen in Zeitungspapier eingeschlagene Fleischstücke, wenn er sich bewegt, schlittern Flaschen umher. Plötzlich bekommt er Angst, dass der Deckel zufallen könnte, und mit einer Lunge, die ihm auf einmal wie neu vorkommt, versucht er hinauszukrabbeln. Der Vater dirigiert ihn jedoch zurück und greift nach der Sofortbildkamera. Auf dem Foto wird der Entdeckungsreisende umgeben von Polareis hilflos in die Linse starren.

Eine Vierzahl von Entdeckungen

In diesem Sommer wird verständlicher, wie man es anstellt, aufzuwachsen und Vater zu werden. Zwar fällt es dem Sohn schwer, alles zu verstehen, was gesagt wird, aber das Dasein interessiert ihn in einer Weise, die nur bedeuten kann, dass es unerschöpflich ist. Er ist neugierig, er ist verzaubert, er sieht Zusammenhänge, die eine gewisse Person zugleich fremder und vertrauter erscheinen lassen. Dabei werden vier Entdeckungen besonders bedeutsam.

1. Im Heimatdorf des Vaters ist es nicht er selbst, der für die Geschichtsschreibung steht. Der Sohn kann unmöglich bei allem mitkommen, was in den Tavernen erzählt wird, begreift allerdings mühelos, dass viele Dinge auch für andere Neuigkeiten sind. Plötzlich sieht er den Schuljungen im Vater. Nickend, nickend. Und lachend, aber mit gerunzelten Augenbrauen.

2. Als der Kapitän des örtlichen Fußballteams einen Mannschaftskameraden beschimpft, der den entscheidenden Pass zu ungenau geschlagen hat, versteht der Sohn, dass die Wutanfälle des Vaters nichts Besonderes sind. Die Gesten, die Flüche, die Lautstärke: Er erkennt praktisch alles wieder. Nur die Unfähigkeit, länger als eine halbe Minute zornig zu bleiben, ist offenbar typisch für den Vater.

3. Von morgens bis abends treffen kranke Menschen ein. Der verlorene Sohn des Dorfs will kein Geld annehmen, aber die Patienten haben ihren Stolz. Keiner von ihnen käme auch nur im Traum auf die Idee, sich mit leeren Händen einzufinden, weshalb sich das geliehene Haus rasch mit Ölkanistern, glänzenden Blöcken aus Fetakäse, Obst und Gemüse, Gebäck, Körben und Webarbeiten füllt. Im Garten tummeln sich Hühner, und die Mutter fragt sich, ob sie das Federvieh nun verschenken oder jemanden bitten soll, es zu schlachten; auf der Veranda stehen frisch geflochtene Stühle. Nicht einmal eine Ziege fehlt. Für ein paar Tage schlürft sie Wasser aus einem Eimer, dann wird sie von einem Verwandten übernommen. Als der Vater Scherze über die Patienten macht, versteht der Sohn, dass dies keine Reaktion ist, die nur bei anderen Stämmen auftritt. Oder eine, in der kein Mitgefühl läge.

Diese Entdeckungen verändern seine Sichtweise. Plötzlich erscheint ihm der Vater klar und durchsichtig, wie ein Labyrinth aus Luft.

Die größte Entdeckung macht er dennoch auf der Heimreise.

4. Als die Abreise näher rückt, erklärt der Sohn, dass er die Schildkröte mitnehmen möchte, die er gefunden hat. Schließlich gibt die Mutter nach – solange sie mit der Sache nichts zu tun hat. Der Junge nickt dienstbeflissen, könnte nicht einverstandener sein. Auf der Reise wohnt das Tier in einem Schuhkarton. Bekommt Wasser aus einer Flasche, wird mit Gras gefüttert, schläft die meiste Zeit. So überlebt es ein brütend heißes Griechenland, ein verregnetes Jugoslawien und ein Österreich, in dem die Pullover ausgepackt werden. Dann endet die Fahrt. An dem Morgen, an dem der Wagen umgepackt wird, finden sie die Schildkröte tot in ihrem Karton. Als die Mutter sie unter dem kühlen Morgentau beerdigt, begreift der Sohn, dass nicht jeder stark genug ist, um auszuwandern.

Erwachsenenleben

In der Woche vor ihrer Rückreise treffen schwedische Nachbarn ein. Sie sind auf der Durchreise und nehmen das Angebot, übernachten zu dürfen, ernst. Der Vater, der über weniger Betten verfügt, als er sich wünschen würde, schlägt einen Ausflug vor. Man einigt sich auf die mittlere Landzunge des Peloponnes, woher seine Familie ursprünglich stammt. Dort gibt es eine sehenswerte Höhle. Nach zwei Tagen in den Bergen und im Hotel sehnen sich alle danach, schwimmen zu gehen. Einige Kilometer von der nächstgelegenen Siedlung entfernt findet man einen Strand. Die Autos suchen sich einen Weg durch die Flur. Kurze Zeit später können alle das Meer zuerst hören und unmittelbar darauf auch sehen – dann bleibt man im Sand stecken. Der Vater trägt Taschen und Sonnenschirm hinunter. Er hat nicht vor, sich unterkriegen zu lassen. Das Heimatland soll von seiner besten Seite erlebt werden.

Rasch vergräbt er die Wassermelone am Ufersaum, dann versucht er sich zu sonnen, aber dazu fehlt ihm die nötige Geduld. Nach dem Mittagessen, das mit kalter Melone beendet wird, teilt er mit, die Erwachsenen wollten einen Spaziergang machen. Der Sohn erhält den Auftrag, auf die Kinder aufzupassen. Die Zeit vergeht. Gegen fünf macht der Sohn jedoch wabernde Flecken am Horizont aus. Langsam nähern sich, sonnengebräunt und aufgekratzt, vier immer größer werdende Menschen. Nun sieht er, dass einige von ihnen keine Badebekleidung tragen. Der Sohn schämt sich bei diesem Anblick, der Sohn findet das entsetzlich. Sicher, das sind die Siebziger, aber ist er der einzige Erwachsene in der Gruppe? Vor Ärger krebsrot stürmt er zu den Autos hinauf, denen der Sand bis zu den Felgen steht. Er scheißt darauf, sich von seiner besten Seite zu zeigen.

Nicht jugendfrei

In den ersten Jahren sind die Eltern nie etwas anderes als Eltern. An einem Wochenendmorgen entdeckt der Sohn jedoch auf einem Nachttisch eine schlotterige Gummihülle. Weil er nicht weiß, was das ist, verknüpft er sie nicht mit etwas Verbotenem. Die Tatsache, dass es für diese Hülle keine Erklärung gibt, ist jedoch Grund genug, sich ihrer zu erinnern. Offenbar haben die Eltern Geheimnisse, an denen sie andere nicht teilhaben lassen.

Erst als seine Stimmbänder unfreiwillige Verwandlungen durchlaufen, erkennt der Sohn, was dieser Gegenstand war. Als er über den gelblich weißen Stalagmiten nachsinnt, der aus der Höhle stammt, die sie mit den Nachbarn besucht haben, und der nunmehr neben den guten Gläsern auf grünem Filz ruht, wandern seine Gedanken ohne weiteres zu der Gummihülle. Was ihm jenen unerträglichen Tag am Strand in Erinnerung ruft. Ist der Stalagmit nicht eine ältere Version des bleichen Pendels an einem braungebrannten Vater?

Ghamó tin…

Bevor die Familie in den Norden umzieht, wohnt man in der Stadt, in die man einige Jahre später zurückkehren wird. Im Unterschied zu dem mittelschwedischen Ort, in dem ausländische Väter ausnahmslos finnischer Herkunft sein werden, gibt es hier viele verschiedene Sorten. Ein Kollege kommt aus Las Vegas und verfolgt die Truppenbewegungen in Vietnam mit Hilfe verschiedenfarbiger Stecknadeln auf einer Karte. Als Wehrdienstverweigerer sind seine politischen Ansichten über jeden Zweifel erhaben. Dennoch kann er seinen Stolz über amerikanische Vormärsche nicht verbergen, was zu Spannungen am Arbeitsplatz führt. Ein anderer Kollege ist polnischer Jude und spricht ein so unverständliches Schwedisch, dass er erleichtert zu Deutsch wechselt, als sich herausstellt, dass man diese Sprache beherrscht, obwohl man vom Balkan stammt. Andere Kollegen sind ungarischer und tschechoslowakischer Herkunft. Jeder von ihnen spricht ein beschränktes Schwedisch, in verschiedenen Abstufungen. Darüber hinaus gibt es noch Arbeitskollegen aus Dänemark und Norwegen, die jedoch nicht als Ausländer zählen.

Aus Griechenland kommt allerdings niemand. Die einzige Person griechischer Herkunft trifft ihre Landsleute nicht mehr so wie früher, als ihr Zuhause Neuankömmlingen stets offen stand. Das ist weder ein Wunsch noch ein Entschluss, sondern die Folge gesellschaftlicher Zusammenhänge. Alte Bekannte, denen der Vater Jobs in Schulen, Saftfabriken und Druckereien verschafft hat, sind weitergezogen, und unter den Angestellten im Krankenhaus gibt es keine Griechen. Nur wenn sich Landsleute mit Anliegen medizinischer Natur an ihn wenden, begegnen die Kinder folglich Kindern mit einem ähnlichen familiären Hintergrund. Das sieht der Vater voller Erwartungen. Er will sich in ihren Spielen und Schimpfwörtern wiedererkennen, aber seine Hoffnungen werden enttäuscht. Nach tastenden Versuchen, sich verständlich zu machen, ziehen seine Söhne es vor, miteinander zu spielen.

Auf dem Heimweg denkt der Vater darüber nach, was er getan hat. Und nicht getan hat. Laut erkundigt er sich, ob es für seine Söhne nicht nett war, Jungen gleicher Herkunft zu treffen. Können sie ihm vielleicht dieses Kartenspiel beibringen? Er hat vergessen, wie es geht. Wenn sie vorsichtig sind, dürfen sie im übrigen auch den Fluch benutzen, den sie gelernt haben. Ob sie wissen wollen, was er bedeutet? Schaut, sagt er und tut so, als würde er sich ein Feigen- oder vielleicht auch Birkenblatt vor den Mund halten. Wenn man die Mutter eines anderen Jungen nimmt und ...

Als er die einsilbigen Erwiderungen auf der Rückbank hört, verliert er den Faden. Hilflosigkeit fusselt in seiner Brust, er reibt mit dem Ärmel über die Windschutzscheibe. Wieder denkt er darüber nach, was er getan und nicht getan hat. Sowie über den Umzug, von dem seine Kinder noch nichts wissen. Als einer der Söhne schließlich den Fluch murmelt, schimpft auch der Vater. Er haut auf das Lenkrad und gelobt, sich öfter mit seinen Landsleuten zu treffen. Anschließend verkündet er, dass er ihnen etwas erzählen muss.

Anfang

In der Küche, wo der Sohn gerade erfährt, dass die Familie umziehen wird, sieht er eine Skulptur aus Zement – eine Unterarmlänge hoch, zwanzig Zentimeter breit. Er weiß, dass der Vater sie gemacht hat, aber nicht wann. Die Figur erinnert an eine Amphore. Sie besteht größtenteils aus einem runden Mittelstück mit zwei Hügeln vorne, denen weiter unten ein Hügel auf der Rückseite entspricht. Im Profil sieht man, dass es sich um Brüste und Po handelt.

Während er zu ignorieren versucht, was er hört, überlegt er, dass die Zementsäule dem ersten Buchstaben im Nachnamen der Familie ähnelt. Dort oben steht das griechische Zeichen, mit dem alles beginnt. Er kann sich des Eindrucks nicht erwehren, dass die Figur, unerwartet verlegen, den Kopf senkt, da nun wieder einmal die Koffer gepackt werden sollen. Und alles wieder von vorne anfangen muss.

Als es den Vater nicht mehr so gibt, wie es ihn gegeben hat, wird einem Bruder die Frage gestellt, was ihm von den Jahren in Mittelschweden für immer in Erinnerung bleiben wird

»Der Haarwirbel. Er hat wirklich versucht, ihn wegzuschneiden.«

Und dir, Bruder Nummer zwei?

»Erinnerst du dich an die alte Uhr, die er mir als Belohnung dafür geschenkt hat, dass ich mitkam? Wenn ich das Lederarmband an die Nase hob, roch ich jedes Mal seinen Geruch.« Pause. »Dann noch das, was er sagte, als wir fünf Jahre später zurückzogen. ›Du musst lernen, dich zu irren.‹«

Und was ist mit dir, Schwester?

»Ich war zu klein. Aber vielleicht die Stimme, wenn er mich an sich drückte. Sie war wie ein reifer Pfirsich.«

Eine neue These über ausländische Väter

XVIII. Ein ausländischer Vater gesteht bereitwillig, dass er möglicherweise einen Fehler gemacht hat. Er wird jedoch das Gefühl nicht los, dass dies Teil eines noch unbekannten Plans ist. Deshalb lächelt der ausländische Vater, wenn er hilflos die Hände ausbreitet und gleichzeitig mit dem Kopf nickt. »Was soll ich sagen?«

Powwow mit Hähnchen

Kein Tag in der Woche ist so bedeutsam wie der Sonntag und kein Teil des Sonntags so wichtig wie der Nachmittag. Zwischen drei und fünf herrscht Stille, danach ruft der Vater alle zur Besprechung zusammen. Freunde müssen heimgehen, Hausaufgaben vorher oder nachher gemacht werden. Um den Küchentisch versammelt, berichtet jeder von den Ereignissen der Woche sowie davon, was ansteht. Schwierigkeiten in der Schule, Bücher, die gelesen wurden, und Trainingsspiele, die ausgetragen werden – alles wird abgehandelt. Auch die gelegentlichen Sorgen der Eltern. Der Vater ist dabei möglicherweise der Häuptling, allerdings nur kraft seines Alters. Folglich werden auch Bankgeschäfte und Karrierepläne besprochen – wenn auch in einer retuschierten Variante, die erst im nachhinein deutlich wird. Wenn keine Punkte mehr auf der Tagesordnung stehen, kommt das Hähnchen auf den Tisch. Der Duft, der wie Rauchsignale aus der Terrine aufsteigt, beendet das wöchentliche Gipfeltreffen. Der Ausnahmezustand ist aufgehoben.

Fünf weitere Thesen über ausländische Väter

XVII. Wenn ein ausländischer Vater einen Filmhelden sieht, der Proben von Edelmut zeigt, nimmt er an, dass der Schauspieler ausländischer Abstammung sein könnte. (»Manolito? Eigentlich bestimmt Manolis?«)

XVI. Ein ausländischer Vater, der einen Sohn an die Tür des Zimmers hämmern hört, in dem sich sein Bruder verschanzt hat, sagt: »Hör auf zu bellen, Kläffer. Jeder Mensch hat das Recht, sich zurückzuziehen.«

XV. Ein ausländischer Vater lügt nie. Aber er berichtigt andere auch nicht, wenn sie sich Dinge einbilden, nur weil er nicht dazu gekommen ist, alles zu sagen.

XIV. Einen ausländischen Vater gibt es nur im Plural, dennoch ist er unvergleichlich.

XIII. Ahme einen ausländischen Vater nie in seiner Sprache nach. Ahme auch die Eigenheiten eines ausländischen Vaters nicht nach. Zum Beispiel seine Art, in gewissen Situationen seine Zunge zu benutzen. Sonst könnte es vorkommen, dass sich die Hände eines ausländischen Vaters ereignen.

Zur Frage der Autorität

Der Vater verliert selten die Beherrschung. Kommt es aber doch einmal so weit, buckelt seine Zunge. Ihre Spitze gegen die Innenseite der unteren Zahnreihe gepresst, senkt er den oberen Kiefer, bis die Zunge wie in einem Schraubstock sitzt. Dies ist die Definition von Zorn. Eine ursprünglichere Kraft existiert nicht. Hinter dem Fleischwulst staut sich die Wut. Ein weiteres Moment der Irritation und der Druck würde übergroß. Dann steigt aus seiner unergründlichen Tiefe Dampf auf, und aus dem verbissenen Murmeln wird ein brüllender Sturm.

Der Sohn weiß das. Trotzdem kann er dem Zorn erst dann einen Namen geben, als er von der frühesten schwedischen Dampflokomotive liest. Gebaut im Jahre 1853 soll »Der Erstling« auf zusammengekoppelten Rädern gerollt sein und ein dunkles, grollendes Geräusch von sich gegeben haben. Es fällt ihm nicht schwer, in der Beschreibung die angestaute Wut wiederzuerkennen. Oder zu verstehen, warum sich der Vater nicht mehr zurückhalten kann, wenn sich der Druck erst einmal aufgebaut hat. Sobald seine Kiefer die Zunge loslassen, helfen weder Einwände noch Beschwichtigungen. Jetzt gibt es nur ein denkbares Ende: Die Raserei muss ihren Lauf nehmen. Der unbändige Zorn hat allerdings einen Nachteil. So wie eine Lokomotive auf einer Trasse läuft, ist auch er vorhersehbar. Als der Sohn dies erkennt, kann er das Geschehen steuern. Es kommt lediglich darauf an, dem Vater bewusst zu machen, dass er dem Ende bereits vorgegriffen hat. Dann verflüchtigt sich der Dampf, und die Wut stirbt von allein. Die Stimme der Vernunft kann wieder Gehör finden.

Nachdem er zu seinem zwölften Geburtstag ein Buch über alte Lokomotiven geschenkt bekommen hat, macht der Sohn jedoch einen Fehler. In einem unbezähmbaren Augenblick wölbt er selbst die Zunge. Als der bereits aufgebrachte Vater erkennt, dass er nachgeahmt wird, verliert er die Fassung. Plötzlich fliegt seine rechte flache Hand durch die Luft. Die Wucht ist so groß, dass der Sohn sich einmal um sich selbst dreht. Seltsamerweise brennt es nicht. Wie durch einen Zauberschlag wird der Vater ruhig und fürsorglich. Während er die Wange untersucht, erkennt sein Nachkomme, dass es nur einen Erstling geben darf. Aber auch, dass er selbst, minderjährig, aber verschlagen, eine Macht besitzt, die den Ursprung in Frage stellen kann. Ohne etwas an seine Stelle zu setzen.

Seenot in Marienlyst

An einem Tag im März beschließt der Vater, dass mit dem Maßhalten jetzt einmal Schluss sein muss. Das Wetter ist ewig grau, die Kinder sind ewig weinerlich, die Finanzen stehen kurz vor dem Kollaps. Aber das Leben wird nicht wirklich besser, nur weil man die Ausgaben im Auge behält. Der Geburtstag seiner Frau und sein eigener liegen zwei Wochen auseinander und wenn es das nicht wert sein soll, gefeiert zu werden, hat die Schönheit keine Chance. Heimlich lädt er Kollegen mit ihren Frauen zu einem Hotelaufenthalt nahe Helsingör ein. Als er später am selben Tag mit seiner ahnungslosen Frau und der Familie eintrifft, gratulieren die Freunde in Frottémänteln.

Der Sohn verbringt zwei Tage im Swimmingpool mit Wellenmaschine. Es bedarf jedoch keiner großen Phantasie, um zu begreifen, dass die wirklichen Wellen woanders schlagen. Sobald die Umstände es erlauben, sucht der Vater die Nähe der Mutter. Sie zieht es jedoch vor, im Liegestuhl zu lesen oder Spaziergänge zu machen, statt vermeintlich vorteilhafte Angebote zu diskutieren. Alles, was sie tut, ist von sachlicher Verzögerung geprägt. Es ist, als müsse sie nachdenken, ehe sie angemessen reagieren kann. Ihre Zärtlichkeiten sind steif, das Verhalten ist höflich, aber distanziert. Ein Drama ohne Dramatik spielt sich ab.

Das ganze Wochenende vergeht, bis der Sohn erkennt, dass ein Mensch mit seinen Bewegungen sparsam umgehen muss, wenn er in Seenot gerät.

Die Esse

Vor dem Fall der Junta verbringt die Familie ihre Sommer an der Küste. Wenige Kilometer vom graugrünen Wasser der Hanö-Bucht entfernt liegt zwischen Fichten und Kiefern ein gelbes

Sommerhaus mit Holzöfen und Plumpsklo. Vor dem Umzug nach Mittelschweden erwerben die Eltern es als Sicherheit. Der Gedanke, nicht am Meer zu leben, scheuert in der Brust des Vaters. Die früheren Besitzer sind zwei Schwestern, die ins Altersheim gezogen sind. Das Häuschen bekommt einen neuen Anstrich, ist aber so primitiv, dass nebenan ein neues gebaut wird. Es ist zwei Zimmer größer, wird braun gebeizt und mit einer Sauna ausgestattet, die auch als Trockenklosett gedacht ist. Diese zwei mit Holzlatten verkleideten Quadratmeter sind die Esse des Vaters. Wo andere Entspannung suchen, erhöht er den Druck. Will er wichtige Entscheidungen treffen, hebt er den unbenutzten Abort hinaus, gießt Wasser auf die Steine und verriegelt die Tür. Wenn er zu guter Letzt hinausstolpert, ist er glücklich und rot. Das Feuer stehlen? Ein Kinderspiel. Er hat es schon.

Glüht wie Eisen.

An niemand Bestimmten gewandt

Die Großmutter kommt, gewöhnlich im Sommer, zu ihrem alljährlichen Besuch aus Wien. Ihr weißer Koffer klirrt geheimnisvoll, wenn sie ihn abstellt. Der Sohn kennt den Grund. In Kleider gewickelt liegen in ihm die begehrten Gläser mit Marillenmarmelade. Wenn die Großmutter zwei Monate später wieder packt, sind die Gefäße durch Steine und Treibholz ersetzt worden, die sie bei langen Spaziergängen am Strand sammelt.

Einige Tage nachdem sie, wie sich herausstellen wird, zum letzten Mal eingetroffen ist, regnet es. Der Sohn steht auf der Treppe zum Sommerhaus, als er die Eltern auf dem Kiesweg näher kommen sieht. Ihm wird klar, dass sie am Strand gewesen sind. Sie gehen langsam und nachdenklich, in ein Gespräch vertieft. Der Sohn will rufen, hält jedoch inne. Beim Anblick des Paars empfindet er Freude. Die Großmutter legt ihre Hand auf seine Schulter.

Als die Eltern durch das Gartentor treten, schließt der Vater seinen Regenschirm und geht zum Auto, die Mutter hat feuchten Glitzer in den Haaren. Als sie die Treppe hinaufgeht, bleibt ihr Blick beharrlich auf die Mutter gerichtet.

Am selben Abend bestreicht die Großmutter Brote. Während der Sohn spürt, wie die Marmelade zwischen seine Zähne dringt, tupft sie mit dem Finger Brotkrümel von der Wachstuchdecke auf und sagt an niemand Bestimmten gewandt: »Die Ehe ist ein Geheimnis zwischen zwei Menschen. Wir schützen sie mit unserem Schweigen. Dann schenkt sie uns Mut, wenn wir ihn brauchen.«

Jetlag

Erst ein halbes Jahr später begreift der Sohn, dass die Eltern vielleicht über die Krankheit der Großmutter sprachen.

Die Eingeweide der Sonne

Im folgenden Sommer hält der Sohn das letzte Glas Marillenmarmelade ins Licht. Das österreichische Wort verkörpert den Inhalt besser als jede schwedische Vokabel. Als er das Gefäß dreht, schimmert es, als wäre es in Brand gesetzt worden. Darin liegt etwas ebenso Strahlendes wie Verheerendes, was er mit der Großmutter und ihren Erzählungen über die Kriegsjahre verbindet – über die Nachbarsfamilie, die eines Tages fort war, gleichsam in Luft aufgelöst, über die Schneiderpuppe, die im Fenster stand und bei einem sowjetischen Flugangriff beschossen wurde, über den Stoffdrücker der Nähmaschine, der sich durch die Stoffbahnen pflügte, die zwischen den Händen der Großmutter vorgeschoben wurden. Nun, da sie nicht mehr lebt und nur noch ein Marmeladenglas übrig ist, verstreicht der Sohn die glänzende Masse in so dünnen Schichten, dass sie von der Butter abrutscht und sich in der glitzernden Fläche gelbe Plateaus bilden. Er weiß, wie die Teigmasse der Sonne schmeckt. Sie sticht wie Erinnerungen. Sie brennt wie Wunden. Sie ist eine Membran aus herrlichstem Feuer. In den Ohren hallt eine ferne Nähmaschine: *Ma-rille, Ma-rille, Ma-rille...*

Matchwinner

Dem Vater fehlt für Ballsportarten jegliches Talent. Seine Pikenschüsse sind jedoch so unbeholfen, dass der Sohn Mitleid empfindet. Als der Vater fragt, ob er am Strand mitspielen dürfe, beeilt sich das Kind, ihn in seine Mannschaft zu wählen. Zehn Minuten lang rennt und ruft der Vater, fällt hin, steht auf, teilt sich seine Kräfte nicht ein. Am Ende bleibt er beim gegnerischen Tor stehen – die Hände auf seine Knie gestützt, mit einer Lunge wie ein Blasebalg. Der Mutter, die das Spektakel vom Badehandtuch aus verfolgt, erklärt er, dass er auf den Ball laure. Ein paar Minuten vergehen, dann spielt ein gegnerischer Spieler einen Rückpass. Der Ball landet irrtümlich beim Vater, der ihn ins Tor schieben kann.

Der Sohn kontrolliert die Reaktion der übrigen Jungen, ehe er einstimmt. Ja, die Freude des Vaters ist wirklich unbezahlbar, wenn er sich rücklings in das vierzehn Grad kalte Wasser wirft.

Jeder auf seine Art

Obwohl der Himmel bedeckt ist, fühlt sich der Vater wie auf südlichen Breitengraden, als er an einem grauen Julitag auf die Veranda hinaustritt. In der Hand hält er ein Handtuch, auf Wangen und Hals sieht man Striemen von Rasierschaum. Lediglich mit einer Unterhose bekleidet, trocknet er sich sorgsam ab, demonstriert anschließend seinen neuen Schnurrbart. Er will wissen, ob er aussieht wie Anthony Quinn. Als seine Frau sich lachend erkundigt, »Nur?«, fühlt er sich eigentümlich erleichtert. Jetzt kann er den Schnurrbart abrasieren und auf seine Art Grieche sein.

Kikeriki

Im letzten Sommer erzählt die Großmutter von dem Jungen Hillel. Als er eines Tages gebeten wurde, einem Nichtjuden die jüdische Lehre zu erklären, stellte er sich auf ein Bein, bevor er antwortete. Der Sohn denkt, dass sie von dem Nachbarjungen spricht, den die Mutter als Kind gekannt hat, der jedoch eines Nachts mit seiner ganzen Familie verschwand, weiß allerdings nicht, was ein Jude ist. Als er hört, dies sei ein Mensch, der Deutsch spreche, aber weder Deutscher noch Österreicher sei, will er wissen, ob Griechen seiner Art spiegelverkehrte Juden sind. Manchen zufolge sind sie immerhin Griechen, ob sie es nun wollen oder nicht – was bedeuten müsste: auch wenn sie die Sprache nicht beherrschen.

Die Großmutter antwortet unerwartet abwesend: »Vielleicht.« Danach beschließt der Sohn, Hillels Beispiel zu folgen, falls er jemals gebeten werden sollte zu erläutern, was der Vater ist. Auf einem Bein stehend beabsichtigt er von einem Tag in den fünfziger Jahren zu erzählen. Zu jener Zeit machte ein junger Grieche einer jungen Österreicherin den Hof. Offenbar fühlte er sich ihrer so sicher, dass er es wagte, sich mit seinem zukünftigen Schwager einen Scherz zu erlauben. Bei einem Ausflug in den Wienerwald kamen sie an einer Weide mit einem Stier vorbei. Der Grieche fragte, ob jemand es wage, die Weide zu überqueren. Als die anderen den Kopf schüttelten, erzählte er, es gebe da einen Trick, den in seinem Heimatland jeder Junge beherrsche. Wenn man nur eine geballte Faust hochhalte, werde der Stier zahm. Es liege etwas Hypnotisches in diesem Zeichen, das die entgegengesetzte Wirkung zum roten Tuch des Matadors habe. Man müsse sich jedoch langsam bewegen und die ganze Zeit das Zeichen machen. Wer traue sich zu zeigen, dass er ein Grieche sei?

Der Schwager in spe zweifelte an der Behauptung, wollte aber weder feige wirken noch die Ehre des Freundes seiner Schwester in Frage stellen. Vorsichtig kletterte er über den Zaun und bewegte sich mit erhobener Faust auf den Stier zu. Als er zwanzig Meter gegangen war, hob das grasende Tier den Kopf. Erst scharrte es träge mit den Hufen, dann preschte es los. Er schaffte es gerade noch, über den Stacheldraht zu springen.

Als der Vater die Geschichte später in diesem Sommer erzählt, bekommt er vor Lachen keine Luft. Er schafft es kaum, das Zeichen vorzumachen, ehe er auch schon wieder losprustet. Die Großmutter weiß nicht recht, was daran lustig sein soll, aber seine Freude ist so ansteckend, dass sie lächelt. »Hallo?«, fragt der Sohn plötzlich und stellt sich auf ein Bein. »Jemand zu Hause? Kikeriki!«

Neue Thesen über ausländische Väter

XII. Wenn ein Sohn behauptet, es sei möglich zu sein, was ein ausländischer Vater ist, obwohl er die Vokabeln nicht beherrsche, bezweifelt dies der ausländische Vater. Doch auch wenn der ausländische Vater zweifelt, ist er bereit, sich zu irren. Deshalb sagt der ausländische Vater: »Toll wie Toast. Aber wir wollen kein Risiko eingehen. Lern weiter.«

XI. Einem ausländischen Vater gelingt das Kunststück, gleichzeitig umständlich und direkt zu sein.

X. Wenn ein ausländischer Vater etwas klarstellen möchte, worüber er nicht diskutieren will, sagt er: »Lasst uns hinausgehen, damit uns der Himmel besser sieht.«

IX. Ein ausländischer Vater, der Geschichten über sich erzählt, die sich bei genauerem Hinsehen als widersprüchlich erweisen oder denen eine Dimension fehlt, erkennt, dass in der Vergangenheit Leerstellen entstehen. Ein ausländischer Vater weiß, dass er dies nicht ändern kann. Aber er wünscht sich, dass ein Sohn eines Tages selbst auf die Idee kommen wird, die Türen zu gewissen Räumen geschlossen zu lassen. Aus diesem Grund beschließt ein ausländischer Vater, seine Kinder nicht mit Worten, sondern mit Taten zu erziehen.

VIII. Auch ein ausländischer Vater muss geschützt werden. Zum Beispiel durch Nachsicht.

VII. Wenn ein ausländischer Vater und seine ausländische Frau aus verschiedenen Ländern kommen und sich in einem dritten angesiedelt haben, denkt er darüber nach, was wohl passiert wäre, falls sie in einem ihrer Heimatländer gewohnt hätten. Er spürt das Wasser tiefer werden, er ahnt Bewegungen dort unten. Unerwartet freut sich der ausländische Vater, dass sie in einem dritten Land leben. So lernen sie voneinander, auf Wasser zu gehen.

VI. Ein ausländischer Vater denkt oft über etwas nach, was er bei Homer gelesen hat. Die Götter, wird dort behauptet, verstehen alles, was die Menschen sagen, darüber hinaus besitzen die Worte für sie jedoch weitere Bedeutungen, die sie für Sterbliche nicht haben. Ein ausländischer Vater fragt sich, ob das die Götter weniger ausländisch macht – oder mehr?

V. Frage nie, wozu ein ausländischer Vater gut ist. Frage vielmehr, wozu er nicht gut ist. Wenn du keine Antwort erhältst, hast du verstanden, was ein ausländischer Vater ist.

IV. Ein ausländischer Vater, der eine Sonnenfinsternis beobachten möchte, verteilt Negativstreifen. Während die Familie über die Scheibe staunt, die sich langsam vor den Himmelskörper schiebt, schaut er sich um. Unerwartet scheint ihm die Welt falsch zu sein. Die Fichten sind silbrig gelb, das braune Sommerhaus ist schwarz wie Motoröl. Deshalb kehrt ein ausländischer Vater ins

Haus zurück. Während er in einer Zeitung blättert, wartet er darauf, dass die Welt wieder so wird wie zuvor. Ein ausländischer Vater will überrascht werden. Aber nicht irrtümlich. Die Sonne soll Sonne bleiben, die Welt Welt.

Offizielle Antworten auf die Frage, warum man umziehen muss

»Weil ich nur eine Vertretungsstelle habe.«
 »Weil mich der Chefchirurg persönlich ausgewählt hat.«
 »Weil ich die Nachtdienste leid bin.«
 »Weil ich finde, dass dieses Land eine Präventivmedizin braucht.«
 »Weil ich ein solches Angebot nicht ausschlagen kann.«
 »Weil ich mir denken könnte, dass es gut für die Zukunft des Landes ist.«
 »Weil ich endlich tun kann, was ich will.«

Alternative Antworten

»Unmöglich, mit den Kindern hierzubleiben. Wir müssen doch noch mehr bekommen.«
 »Kein Problem. Auf dem Land haben wir Platz für sie.«
 »Die Schulen?«
 »Wir bleiben dort nur ein paar Jahre.«
 »Die Schulen?«
 »Brauchen wir diese vielen Quadratmeter? Im Moment sind wir zu fünft, bald zu viert.«
 »Dreißig Jahre. Was haben wir auf diesen Augenblick gewartet.«

Vier Jahre und eine Ewigkeit

Von den vielen Umzügen schmerzt die Mutter nur einer – der aus dem Dorf im nordöstlichen Schonen. Während der Jahre am See mit dem raschelnden Schilf ist sie überzeugt, beim Geräusch von Krocketkugeln im Schatten der Blutbuchen alt zu werden. Die Kinder werden zwischen Bauern und Freiherren aufwachsen, die von ihr gepflanzten Tomaten werden nahrhaft und die Finanzen so geordnet sein, dass sie ohne weiteres in das Heimatland ihres Mannes reisen können, sobald die politischen Verhältnisse es erlauben. Wenn sie mit ihrer Mutter telefoniert, gesteht sie, niemals gedacht zu haben, dass sie sich auf dem Land wohl fühlen würde, aber nun möchte sie gar nicht mehr weg.

Mit ihren runden Fenstern zu beiden Seiten des Haupteingangs und den Zementkelchen, von denen die Eingangstreppe flankiert wird, erinnert die Villa Seeblick an eine römische Patriziervilla. Das Haus ist genauso hoch wie breit und liegt hinter der Eisenbahnlinie, abseits, aber in Sichtweite des Sportplatzes, auf dem die örtliche Fußballmannschaft ihr Bestes gibt, um den letzten Tabellenplatz in der sechsten Liga zu verlassen. Während der Vater in einer nahe gelegenen Garnisonsstadt im Krankenhaus operiert oder versäumten Schlaf nachholt, streicht die Mutter ein Zimmer nach dem anderen. Im Keller richtet sie sich ein Atelier ein, hat aber kaum Gelegenheit, es zu nutzen, und ersetzt das *bric-à-brac* der Siedlerjahre durch repräsentative Möbel. Sie baut den Webstuhl aus ihrer Zeit an der Kunstakademie zusammen und versieht ihr Zuhause mit Bettüberwürfen, Teppichen, Gobelins. Sie beauftragt die für Schreinerarbeiten benötigten Handwerker und führt Bewerbungsgespräche mit Kindermädchen. Sie bewirtet Gäste und macht den Bootsführerschein. Im Frühjahr pflanzt sie Blumen und baut Gemüse an, im Herbst harkt sie, begleitet von dumpfen Tritten und Flüchen, Laub. Dies ist ihr Platz auf Erden. Hier beginnt die Schöpfung von neuem.

An einem Spätsommertag einige Jahre später begleitet sie die ältesten Kinder zum Dorfhändler. Sie haben die Erlaubnis bekommen, den schwarzen Chevrolet der Familie zu verkaufen. Er ist zu groß für die Stadt, in die sie ziehen werden, weil der Vater die Dienste hier satthat. Die Jungen verdienen an dem schiffähnlichen Fahrzeug, das auf der Rückseite des Geschäfts vor Anker liegt, dreißig Kronen. Bevor sie heimkehren, setzt die Mutter sich auf den Fahrersitz, streicht nachdenklich über das Lenkrad. Vier Jahre und eine Ewigkeit ist es her, dass sie zum ersten Mal um das Grundstück fuhren und mit diesem sonderbaren, schaukelnden Schwung zwischen die Hecken einbogen.

Der siebte Tag

In diesen Jahren im Haus am See sieht man den Vater in der Regel nur abends und an den Wochenenden. Zeigt er sich ausnahmsweise einmal an den restlichen Tagen der Woche, wird Stille verordnet. Die Kinder dürfen in der oberen Etage nicht spielen, auf der Treppe zu laufen ist verboten, am liebsten sollen sich alle außer Haus aufhalten, bis es dunkel wird. Am Sonntagmorgen allerdings revanchiert er sich. Während seine Frau am siebten Tage ruht, schleicht er in die Küche hinunter. Der Sohn hört den Lärm und folgt ihm. Dort wird er Zeuge dessen, was der Hausherr tut, um seine Ehre wiederherzustellen.

Mit umgebundener Schürze und hochgeschlagenen Pyjamaärmeln vermengt er in einer Schüssel Milch, Mehl, Wasser und Hefe. Auf dem Herd steht der große Topf, gefüllt mit Öl, das bald sieden wird. Er gibt mit der Suppenkelle Teig hinein und fischt eine Minute später mit dem Salatbesteck goldgelbe Gebilde heraus. Ein knuspriges Kissen ähnelt einem Fisch, ein anderes einer stachligen Wolke. Der Vater bereitet *lalangídes* zu. Jedes neue Exemplar wird auf dem Bett aus Küchenpapier plaziert, das eine große Platte bedeckt. Das ablaufende Öl ist dünn und gelb und formt Pfützen aus Sonne mit braunen Ausfällungen darin. Als er fertig ist, stellt er Honig, Zucker und Zimt auf den Tisch.

Wenn die übrige Familie, geweckt von den Düften, die das Haus in Besitz genommen haben, herunterkommt, steht der Vater vor seiner Rehabilitierung. Ernst wie ein orthodoxer Priester stellt er die Platte auf den Tisch. Ein Küchenhandtuch verbirgt die Herrlichkeit. Er spricht ein Phantasiebyzantinisch, drückt Zeige- und Mittelfinger gegen den Daumen und macht eine segnende Bewegung. Die Familie spielt mit und zügelt ihre Gesichtszüge. Als das Handtuch entfernt wird, ist die Vorstellung jedoch vorbei. Es ist einfach unmöglich, den Auftritt des Vaters als Vertreter des rechten Glaubens ernst zu nehmen. Er mag gerade die Schöpfung gekrönt haben, aber alle wissen, dass der wahre Schöpfer des Daseins über alle Glaubensrichtungen erhaben ist. Und in diesem Moment Strickjacke und Nachthemd trägt.

Der Schlitten

In einem ihrer Winter in der Villa liegt der Schnee meterhoch. Die Welt ist still und weich, wie aus Watte geformt. Mit dem Auto kommt man nicht weit, überraschend kann sich der Vater freinehmen. Er verbringt den Vormittag mit seinen Söhnen, isst im Bademantel zu Mittag, nutzt den Nachmittag zum Schreiben. Ein paar Tage später räumt der Dorfelektriker mit seinem Traktor die Straßen. Danach kann der Vater wieder zum Krankenhaus fahren, hat aber mittlerweile Geschmack an einem Leben auf dem Altenteil gefunden und beschließt, Urlaub zu nehmen. Abgesehen von einem Kinobesuch, bei dem er und die Mutter Omar Sharif lieben und leiden sehen, und aufgewühlt von allem, was das Zelluloid mit Herzen anstellen kann, heimkehren, ist der Dezember ein abgesagter Monat.

Die Familie gewöhnt sich an die unrasierten Wangen, die Pantoffeln, die durch den Flur schlurfen, die benutzten Tassen und Teller, die vor die Bibliothekstür gestellt werden. Ein paar Tage vor Weihnachten steht der Vater jedoch frisch rasiert und duftend in der Küche. Er knöpft sein Schifferjackett bis zum Kinn zu und verschwindet anschließend, ohne Fragen zu beantworten. Zwei Stunden später nähert sich von der Seeseite kommend ein Pferd mit Schlitten. Das Fuhrwerk ist so sagenhaft, dass keiner, der es durch das Küchenfenster verfolgt, auf die Idee verfällt, es könnte sich um jemanden handeln, den man kennt. Als es nicht mehr weit entfernt ist, sieht man allerdings, dass der Vater die Zügel hält und neben ihm der Elektriker mit einer Zipfelmütze der Firma GULF sitzt. Wenn das Pferd in die falsche Richtung zieht, lenken die beiden Männer mit vereinten Kräften. Aus ihren Mündern qualmt es. In der Thermoskanne auf dem Kutschbock schwappt Kaffee mit Schuss.

Der Schlitten, den der Vater soeben gekauft hat, wird zwischen die Bäume am See gestellt. Fortan kann er bei jedem Wetter ausrücken. Im Laufe der Jahre blättert allerdings die Farbe ab. Aus den aufgerissenen Ledersitzen quillt die Strohfüllung. Doch die rostigen Kufen würden ihn immer noch bis nach Varykino tragen.

In der Kindheit der Mythen

Während die Mutter für die Werktage der Woche steht, markiert der Vater die roten Tage. In den Jahren am See kümmert sie sich um die alltäglichen Abläufe, während er sich darauf beschränkt, Wunder zu vollbringen. Insgesamt eins für jedes Jahr sowie eins für die Ewigkeit.

DAS PANORAMAFENSTER. Wird während des ersten Frühlings in dem Haus gebaut. Eines Abends kommt der Vater später als üblich nach Hause. Die Pupillen sind zusammengezogen, sein

Lächeln ist vieldeutig. In der Hand hält er ein Flugticket. Er erklärt seiner Frau, dass sie nur den Abend zum Packen hat. Wenn sie ihre Maschine erreichen will, muss sie schon um fünf Uhr aufstehen. Die Mutter protestiert. Es ist nicht so, dass sie ihre Mutter nicht besuchen will. Doch auch wenn es ihrem Gatten schwerfällt, dies zu glauben, zieht sie es vor, den Zeitpunkt selbst zu bestimmen. Außerdem fragt sie sich, was mit den Kindern ist. Hat er vor, auf sie aufzupassen? Ihre Einwände bleiben wirkungslos. Am nächsten Morgen hupt das Taxi vor dem Gartentor. Anschließend hat der Vater das Wochenende Zeit.

Als das Auto verschwunden ist, ruft er drei Landsleute in der näheren Umgebung an. Eine Stunde später treffen sie, jeder mit einer Zahnbürste in der Tasche, ein. An den folgenden Tagen wechseln sich die Männer beim Babysitten ab, während die anderen rings um die Terrasse der Villa eine Mauer hochziehen. An der Schmalseite zum See errichten sie eine drei Meter hohe und fünf Meter breite Wand, die mit Dachziegeln und einem Panoramafenster versehen wird, so dass der Vater windgeschützt über das sinnieren kann, was in dieser Gegend dem Meer am nächsten kommt. Die Männer arbeiten schweigend, rauchend, mit einer Konzentration, die sich um ihre Schläfen sammelt. Eine Einkaufsliste belegt ihren Einsatz. Abgesehen von Ziegelsteinen und Zement rechnet der Bauherr mit folgendem Verbrauch: »15 kg Brot, 15 kg Kartoffeln, 5 Liter Milch, 1 kg Kaffee, 1 kg Tomaten, 3 kg Reis, ½ kg Butter, ½ kg Margarine, 1 kg Wurst, 2 kg Apfelsinen, 50 Flaschen Limonade, 3 große Konserven, 3 kg Windeln, 2 kg Bananen.« Als seine Frau zurückkehrt, bestaunt sie das Wunderwerk. Danach ist sie eine Woche mit Putzen beschäftigt.

DER FREILUFTOFEN. Wird im folgenden Herbst aus übriggebliebenen Ziegelsteinen gemauert. Er ist groß genug für zwei Lämmer – wozu der Vater seine Kollegen einzuladen gedenkt, sobald die Osterglocken blühen. Wenn er sich nicht bereits wie Daidalos fühlen würde, könnte er auch Hephaistos werden.

DER LATERNENPFAHL. Wird mit Hilfe des Elektrikers aufgestellt. Den Vater stört die schwedische Dunkelheit, die er so dick wie Wolle findet. In der Winterzeit ist kein Denken daran, die Kurve zur Garage hinunter zu schaffen. Der Chevrolet muss beim Ofen geparkt werden und lässt sich morgens nur mit Mühe starten. An einem Samstag wird deshalb ein Laternenpfahl angeliefert. Als er in dem vorgegossenen Fundament verankert worden ist, versieht der Elektriker die Konstruktion mit Strom. Fortan besteht keine Unfallgefahr mehr. Die künstliche Sonne macht es möglich, das schwarze Schiff durch den Winter, in die Unterwelt hinabzunavigieren.

DIE HAFENPROMENADE. Entsteht in jenem Sommer, in dem ein Landsmann im Keller wohnt. Der Vater mag das Seegras nicht, durch das er waten muss, ehe er die spiegelglatte Oberfläche mit zwei kraftvollen Schwimmzügen teilen kann. Diesmal wird gemeinsam mit der Mutter geplant. Sie zeichnet die Entwürfe, er berechnet die erforderlichen Mengen Baumaterial. Als der Kellergrieche die Arbeit aufgenommen hat, dauert es gerade mal eine Woche, bis sie eine Hafenpromenade haben. Vom Schilf an der einen Seite des Grundstücks bis zum Schilf auf der anderen erstreckt sich eine fünfzehn Meter lange Zementkonstruktion, die so fein und glatt ist, dass man Spielkugeln auf ihr rollen kann. In der Mitte schiebt sich ein Pier hinaus, an dem das Motorboot anlegen könnte, das die Familie sich jedoch niemals anschaffen wird.

DIE PLATTFORM. Auch DIE PUNSCHVERANDA genannt. Wird im letzten Sommer in der Villa gebaut. An einem Wochenende graben herbeigerufene Landsleute auf der Seeseite vier tiefe Löcher. Anschließend versenken sie darin ausgemusterte Telefonleitungsmasten, die direkt beim Fernmeldeamt bestellt wurden, und schreinern eine Plattform, die glatt gehobelt und gebeizt wird. Passend zum traditionellen Flusskrebsessen im August ist das Bauwerk fertig. Nun kann der Vater in zehn Meter Höhe die Aussicht bewundern. Sein Blick schweift über Äcker und Wasser –

in die Ferne zu dem Hügel am anderen Ufer des Sees, der, schwört er den Söhnen, das einzige ist, was sie daran hindert, sein Elternhaus zu erblicken.

Fremde

In einem Frühjahr hört man eine melodische, erstaunlich elegante Hupe. Sie ertönt entlang der Hagebuttenhecke, um die Weide an der Grundstücksecke herum, an der Reihe von Blutbuchen vorbei und in der Einfahrt. Dann hält mit quietschenden Reifen ein Peugeot, der grün ist wie eine Libelle, und ein sorgsam gekämmter Mann mit gebügeltem Anzug und Krawatte steigt aus. Bei ihm ist ein Junge mit kurzgeschnittenen Haaren, der den Blick seines Vaters sucht, als er die Tür zugeschlagen hat. Eine Stunde später trifft mit schrillen Huptönen ein staubiger DKW ein. Die Handbremse knarrt, woraufhin ein Mann mit hohem Haaransatz und kurzärmligem Hemd aussteigt. Er bürstet die Schalen von Sonnenblumenkernen von seiner Hose, sucht im Laufschritt einen Baumstamm auf und entleert stöhnend seine Blase. Als er grüßt, lacht er.

Zwei Brüder des Vaters haben beschlossen, Nordeuropa einen Besuch abzustatten. Als die Kinder den DKW inspizieren, eine blau-weiße Schnecke auf Rädern, reibt der Cousin mit der Faust über die Heckscheibe. Tote Insekten, roter, hartnäckiger Staub. Die Jungen pressen das Gesicht auf das Guckloch und sehen Bällchen aus Stanniolpapier, einen Topf, ein paar leere Flaschen. Als sie die Tür öffnen, finden sie zwei steinharte Brotkanten. Der Cousin zeigt auf den roten Staub, der sich auf den Topfdeckel gelegt hat. Er erzählt, dass sie von einem Wolkenbruch überrascht wurden, als sie die Grenze nach Jugoslawien überquerten. Der Regen enthielt Sand aus Afrika und hinterließ einen klebrigen Puder, der nicht mehr abzubekommen war. Der Sohn befeuchtet einen Finger, zieht ihn durch den Staub, reibt ihn am Daumen. Denkt: Er kommt aus der Sahara.

Als sie die Fahrertür des zweiten Wagens öffnen, verstehen sie, dass der Cousin mit einer Decke und einem Kissen an das Fenster gepresst geschlafen hat. Unter der Windschutzscheibe liegen eine Karte und eine Schachtel Zigaretten. In der oberen Ecke der Scheibe sitzt eine Vignette, die verkündet, dass dieses Fahrzeug berechtigt ist, österreichische Autobahnen zu benutzen. Um den Rückspiegel hängt ein Rosenkranz, der sich in einem Madonnenbild verheddert hat. Es riecht nach feinem Leder und feinem Rasierwasser. Als der Sohn aufblickt, sieht er, wie der Vater und die zwei Brüder sich darum streiten, wer die Koffer ins Haus tragen soll. Der Vater hat Holzschuhe an den Füßen, die Brüder haben ihre Hände auf seinen Schultern. Der Sohn weiß nicht mehr, wer der Chef ist.

Die Walnuss

Zehn Jahre später stirbt der ältere Bruder während eines nachmittäglichen Schäferstündchens mit seiner Geliebten an einem Herzinfarkt. In diesem Sommer ist er jedoch ein erfolgreicher Textilfabrikant, der seinen jüngeren Bruder als Vertreter eingestellt hat. Die Männer bleiben zwei Wochen und verbringen diese Zeit im Gespräch mit dem Vater – entweder auf der Terrasse oder am Küchentisch.

»Ich weiß, dass es noch weh tut«, erklärt der ältere, während er seine Krawatte löst und nach Worten sucht, »obwohl es vor langer Zeit passiert ist ...« Der Vater spürt sein Herz klein und hart werden, eine Walnuss. Er ahnt, was nun kommt, und dass die Worte ihn wie üblich schützen werden, trotzdem überrascht es ihn, wie tapfer er in den letzten zwanzig Jahren versucht hat zu vergessen, warum er sein Heimatdorf verlassen musste. Er ist froh, dass seine Frau in der oberen Etage ist, um ins Bett zu gehen, und die Kinder schon seit ein paar Stunden schlafen. Während der Bruder tastend anfängt, über den Cousin zu sprechen, dessen Name nie ausgesprochen wird, denkt er an die lange Zugreise nach Athen. Wieder sitzt er auf der Bank in dem Wagen zweiter Klasse, wieder schaukelt die Stofftüte mit Tomaten in dem Netz darüber. Unter dem Sitz liegt der Teppich, den seine Mutter ihm gut verschnürt mitgegeben hat, darauf ruht der Koffer. Darin liegen zwischen einigen Pullovern und einem der abgetragenen, nach Lavendel duftenden Anzüge seines Vaters, im übrigen ein Foto und eine Ikone. Die Ikone hat er von den Eltern des Cousins bekommen, auf dem Foto lachen zwei Wagemutige, einen Arm um die Schultern des anderen gelegt, mit zusammengekrallten Zehen auf einer Klippe balancierend. Gleich werden sie springen, und einer der beiden hat noch zehn Jahre zu leben.

Als der Bruder seine Zigarette ausdrückt, erwähnt er die Schwester des Cousins und sagt: »Sie lässt dich wie immer grüßen. Hat gerade einen Griechen vom Schwarzen Meer geheiratet. Würde sich wünschen, dass du öfter schreibst.« Im Vater platzt etwas, beginnt durchzusickern. Als enthielte die Walnuss Flüssigkeit.

Steht einfach da

Als die Brüder abgereist sind, geht der Vater zum See hinunter und steht einfach da. Er hört eine Motorsäge, die sich in fernes Holz frisst, er sieht die Schwalben das Wasser aufritzen und denkt an lautlose Kratzer in Glas. Er nimmt den Geruch des Komposthaufens beim Nachbarn wahr, der in Schlieren heranweht, und denkt an abgesengte Felder in den Herbsttagen seiner Kindheit. Vergeblich sucht er nach dem Duft rußiger Erde. Ebenso wenig hört er die knatternden Schüsse in den Zweigen. Eine Spinne krabbelt über schwarzes Gummi, das Erdreich quakt. Doch der Vater steht einfach da, mit weit aufgeschlagener Brust.

Und ich lernte, und ich lernte

Auf dem Weg zum Haus hinauf ruft der knisternde Kiesweg dem Vater kleine, durch einen Park rollende Räder in Erinnerung. Das ist nur sechs Jahre her, gefühlt jedoch ein Leben. Seine Frau hatte ihn hinausgeschickt, damit sie packen konnte. Nun lehnte er sich über den Wagen. Hinter ihm schien blass und papieren die Sonne. Ihr erstes Kind schrie sich gerade die Lunge aus dem Hals, verstummte jedoch abrupt, als der Schatten des Vaters auf sein Gesicht fiel und es spürte, wie sich seine Hände um die strampelnden Füße schlossen. Der Vater sagte etwas, was das Kind unmöglich verstehen konnte. Er wusste, es würde viele Jahre dauern, bis es Worte dieser Art lernen würde. Noch ahnte es nicht einmal, dass sie fremd waren. Oder was *Sonne* und *Auge* und *versengte Erde in Apfelsinenhainen* bedeutete. Alles, was ihr erstes Kind hören konnte, war die Wärme in seiner Stimme. Der Vater dachte: Du ahnst es nicht, aber du lehrst mich gerade, dass eine Stimme schützen muss, lange bevor die Worte eine Bedeutung bekommen.

Auge, Apfelsine, Zwischenmahlzeit

Der Vater verlässt seine Jungen am Esszimmertisch. In der ersten Viertelstunde schreiben sie die Vokabeln möglichst sorgfältig ab. In der zweiten bewegen sie die Zunge vom einen Mundwinkel zum anderen. In der dritten beginnen sie, sich zu streiten. Den älteren nervt es, dass der jüngere die Fersen gegen die Stuhlbeine schlägt. Außerdem kaut er auf seinem Stift herum, singt vor sich hin, redet mit einem eingebildeten Freund und versucht den Blick der Mutter auf sich zu ziehen, wann immer sie vorbeigeht. Nicht einmal ein Ellbogen in die Seite veranlasst ihn stillzusitzen, stattdessen presst er die Zungenspitze gegen die Innenseite der Zahnreihe, lehnt sich vor und schreibt mit großen, übertriebenen

Bewegungen. Daraufhin erkennt der ältere, dass sein Bruder den Vater nachahmt, und lächelt. Nun wetteifern sie darum, wer dem Lehrer am meisten ähnelt. Als dieser jedoch kommt, um die Listen zu kontrollieren, setzen sie sich schleunigst gerade hin. Es reicht allerdings, dass sich ihre Blicke flüchtig begegnen, um die beiden vor heiterer Rebellion beben zu lassen. Der Vater begreift nicht, was an Wörtern wie *Auge* oder *Apfelsine* so komisch sein soll. Er ärgert sich über den Rotstift, der nicht funktioniert. Er möchte, dass seine Söhne ordentlich dasitzen, wenn er ihnen die unterschiedlichen Fälle erklärt.

Die Mutter schreitet ein. Immerhin hat die Lektion eine Stunde gedauert. Zeit für eine Zwischenmahlzeit.

Gespräch über die Sehnsucht

Die Zeit: Abend. Der Ort: Der Balkon vor einem Schlafzimmer. Die Dunkelheit macht den Abstand zum Erdboden ungewiss, hier und da sieht man etwas, was Wühlmaushügel sein könnten. Personen: ein Ehepaar.

SIE (*zupft die Strickjacke auf den Schultern zurecht*): Wir dürfen die Vergangenheit nicht unseren Kindern aufbürden.

ER (*vergräbt die Hände tiefer in den Taschen*): Man kann unmöglich außerhalb der Geschichte leben. (*Sein Blick wandert von der Rasenfläche zu seiner Frau.*) Es gibt nichts, wofür wir uns schämen müssten. Im Gegenteil.

Jemand zieht die Toilettenspülung. Im Flur hört man einen Sohn in sein Zimmer zurückkehren.

SIE: Wer spricht denn von Scham? Unsere Sehnsucht müssen wir ihnen ersparen.

Schweigen.

ER: Aber was sollen sie denn ohne Sehnsucht machen? Ist sie nicht das einzige, was wir ihnen geben können?

Wie eine Faust

Der Sohn versteht sich selbst nicht. Er hat kein Problem damit, österreichische Gerichte zu essen, aber abgesehen von *lalangídes* schmecken ihm griechische nur selten. Wenn er vor seinem Teller sitzt, dreht sich ihm der Magen um. Plötzlich hat er das Gefühl, eine Faust in den Bauch bekommen zu haben. Vor allem die Tomatensaucen wirken beunruhigend – als gehörte der rote Sud zum gleichen Blutkreislauf wie der Vater: fern, fremd, irgendwie zu empfindsam.

Während der Sohn darauf wartet, sich selbst zu verstehen, wird er trotzig. Er kann nicht anders.

Kriegsgott im Hosenmatzalter

An einem Herbsttag wird die erste Griechin aus einer ganzen Reihe von Kindermädchen eingestellt. Der Sohn braucht allerdings nicht lange, um den Eindringling mit den behaarten Unterarmen und dem eigenartigen Tonfall zu vertreiben. Die Frau erinnert ihn daran, dass die Welt nicht nur aus einem Land im Norden besteht, und es fällt ihm schwer, dies zu akzeptieren. Wenn sie mit ihm von Ausflügen zurückkehrt, sind ihre Augen rot unterlaufen. Der Junge hat gespuckt und sie mit Stöckchen geschlagen. Beim abendlichen Bad sorgt er dafür, dass ihre Versöhnungsversuche durch Beißen und Kneifen konterkariert werden. Als er endlich eingeschlafen ist, findet die Mutter das Kindermädchen am Küchentisch. Wortlos streckt sie ihre Arme als Beleg dafür aus, dass der Sohn seinem Namen alle Ehre macht. Den Farbschattierungen der blauen Flecken lässt sich entnehmen, an welchem Wochentag der jeweilige Angriff erfolgt ist.

Noch eine Wahrheit mit Präzisierung

DER GESTERBTE: Herrenlos, das habe ich immer schon gesagt. Aber manchmal auch völlig durchgedreht ... Wie ein Hund.

Exodus

Eines Nachmittags fragt die Mutter, ob der Sohn Lust habe, sie zu begleiten und den Vater im Krankenhaus abzuholen. Normalerweise umweht diese Fahrten ein Hauch von Abenteuer. Er darf auf dem Beifahrersitz Platz nehmen und kann für eine Viertelstunde den Erwachsenen spielen. Diesmal möchte sie jedoch, dass er seinen neuen Parka anzieht. Der Junge hasst das Kleidungsstück und weigert sich zu gehorchen. Am Ende bittet sie ihn, zu Hause zu bleiben. Minutenlang sitzt er am Küchentisch – ein Durcheinander aus Vorwürfen und Rotz. Hat er nun den Sieg davongetragen oder nicht? Als er erkennt, dass er den Kürzeren gezogen hat, schießt seine Wut durch die Knie hoch. Kaum hat die Mutter den Zündschlüssel gedreht, als er auch schon beschließt zu fliehen.

Sobald er den Wagen jenseits des Bahndamms verschwinden hört, holt er einen Pullover aus dem Schrank und seine Stiefel vom Kücheneingang. Irgendwo gräbt er einen Rucksack aus, den er mit einem Toastbrot, Saft und einer Rolle Toilettenpapier füllt. Dann schreibt er einen Zettel – »An Mama. Ich bin wekkgelaufen.« – und bricht auf. Er hat keine Zeit gehabt, seine Flucht zu planen, entscheidet sich jedoch für die aus dem Dorf führende Eisenbahnlinie. Diese Route eröffnet ihm die Möglichkeit, sich von seinen Verstecken zu verabschieden. Bei dem Gedanken, sie niemals wiederzusehen, wird er traurig, aber bei jeder neuen Station seines Auszugs spürt er den Trotz wachsen. Der Zorn macht ihn einsam und stark, seinem Vater ebenbürtiger als je zuvor.

Kaum hat er allerdings das Ortsschild an der Dorfeinfahrt gelesen, als er auch schon nicht mehr weiterweiß. Es ist eine Sache, zu verschwinden, eine andere, irgendwohin zu können. Plötzlich erstreckt sich vor ihm unbekanntes Terrain. Das einzige, worauf er sich verlassen kann, das einzige, was er besitzt, findet Platz im Rucksack und in der Gesäßtasche, wo das Geld aus dem Sparschwein liegt. Trotz der Freude darüber, sein eigener Herr zu sein, verwirrt ihn die Freiheit. Allmählich dämmert es ihm, dass das Leben auch Forderungen stellt. Selbst so selbstverständliche Dinge wie ein Schlafplatz und Waschgelegenheiten werden zu einem Problem. Ohne Familie gibt es keine verantwortungslosen Augenblicke.

Nachdem er einen Acker überquert hat, versteckt er sich am Waldrand. Während er von seinem Proviant isst, denkt er nach. Er kann entweder den Zug nach Wien nehmen oder einen seiner Spielkameraden in den Nachbardörfern besuchen. Allerdings weiß er nicht genau, wo sie wohnen. Und wenn er es recht bedenkt, werden 3,25 nicht für die ganze Strecke zur Großmutter reichen. Dann entdeckt er den Chevrolet, der wie ein Rochen die Straße hinabgleitet. Bei dem Gedanken, Zeuge der Verzweiflung seiner Eltern zu werden, fällt ihm die Entscheidung nicht sonderlich schwer: Er wird sich zurückschleichen und seine eigene Abwesenheit ausspionieren.

Als der Sohn den Acker erreicht, der eine Aussicht auf den Fußballplatz und das unterhalb davon gelegene Haus bietet, geht er hinter einem Heuballen in Deckung. Die Dämmerung hat sich herabgesenkt, und sein Blick sucht lange, bis es ihm gelingt, die Eltern im Garten auszumachen. Das Wissen, der Grund für ihre Sorge zu sein, erfüllt ihn mit bockigem Stolz. Vom Opfer ist er zum Richter geworden. Ohne es zu merken, beginnt er, sich seine Rückkehr vorzustellen, so dass es für einen Spielkameraden ein Leichtes ist, ihn zur Rückkehr zu überreden, als er ihn dort findet.

Als sie die Küche betreten, will der Sohn gefeiert werden. Doch statt Fanfaren erwarten ihn ein Bad und das Bett. Es dauert ein paar Minuten, dann löst sich seine Enttäuschung in Schaum auf. Er weiß, dass er jederzeit fliehen kann. Nichts wird jemals wieder so sein wie vorher.

Im Licht der Bettlampe

Der Vater, der am Bett des Sohns steht, fragt sich, ob dieser ein Mensch werden wird, für den die Wahrheit unzugänglich bleibt. Oder ob er sie im Gegenteil in der Hand halten wird. Er denkt an andere Jungen, denen Schneidezähne fehlen, und dass er selbst nicht immer zu sagen wusste, was Wahrheit überhaupt ist. Nur dass sie sich nicht leugnen lässt, wenn sie an den Tag gekommen ist. Brennt sie? Kühlt sie? Und was ist die Wahrheit über einen Wagemutigen, der einige Stunden zuvor seine Familie verließ? Während er die rosa Lider betrachtet – zuckende Bewegungen unter dünner Haut, Ränder aus Wimpern, die wie Insektenbeine glänzen –, denkt er an die farbigen Manuskripte des Mittelalters, in denen der Illuminator einen Schreibfehler mit einem Kranz aus Blumen und Flammen einkreist, den ein kleiner Teufel fortzuschleppen versucht. Ist dies auch eine Wahrheit, eingebettet wie ein Stachel ins Fleisch? Er löscht das Licht über dem Kopf des Auswanderers. Er mustert den offenen Mund mit dem Speichelfaden zwischen den Lippen, er küsst den verschwitzten Nacken. Geht auf Zehenspitzen lautlos hinaus.

Der Kellergrieche

Ein paar Tage nach Neujahr sitzt in der chirurgischen Ambulanz, dem Arbeitsplatz des Vaters, ein unbekannter Mann. Er sagt nichts, verfolgt jedoch interessiert die Vorgänge – Patienten, die ins Behandlungszimmer gerufen werden, Zimmerpflanzen, die gegossen werden, Rohrpost, die mit diesem wischenden, von einem dumpfen Knall gefolgten Geräusch ankommt. Der Schnee auf seinen Halbschuhen schmilzt und bildet auf dem tanggrünen Linoleumboden eine körnige Pfütze.

Als der Vater am Nachmittag in seinem weißen Kittel mit Kugelschreiberstrichen über der Brusttasche das Wartezimmer betritt, muss er nicht fragen, woher der Mann kommt. Er sieht, dass dies kein Patient, sondern ein Grieche ist. Sie geben sich die Hand. Die des Mannes ist jedoch seltsam schwach, als wäre er bereit, sie abzugeben. Diese Hilflosigkeit führt dazu, dass der Vater ihn umgehend ins Herz schließt. Am Abend nimmt er ihn mit nach Hause. Ein halbes Jahr wohnt der Mann in dem Atelier, das sich seine Ehefrau gerade erst neben dem Heizungskeller eingerichtet hat. Bis der Vater einen Job für ihn gefunden hat, arbeitet er im Garten – schaufelt Schnee, harkt das Laub vom Vorjahr, schneidet das Gras. Zum ersten Mal kommt den Söhnen zu Ohren, dass man sein Heimatland auch aus anderen als politischen Gründen verlassen kann.

Die Abende verbringt man am Küchentisch. Die Männer sprechen über Kinder- und Jugendjahre, diskutieren die Krisen im alten Land und die Arbeitsverhältnisse im neuen. Am liebsten untersuchen sie jedoch die Anatomie der Sehnsucht. Der Landsmann hat die ungewöhnliche Fähigkeit, Ruhe einzuflößen. Er ist athletisch und neugierig, ungebildet, aber wissbegierig. Kopfschüttelnd erklärt er beispielsweise, dass er nicht sagen kann, wo ein Mensch endet und ein anderer beginnt. Sie sind wie Wasser in Wasser. Er berichtet über die Eigenschaften der Schreibtafel und seine Jahre in der Schule, als handelte es sich um Staatsgeheimnisse. Alles, was er tut, hat etwas Sanftes und dennoch Muskulöses, eine Selbstverständlichkeit, die, wie der Vater ahnt, mit seinem Glauben zusammenhängt, dass Menschen aus anderen Menschen bestehen. Obwohl der Vater Dinge erreicht hat, von denen sein Landsmann nur träumen kann, ist es, als lernte er gerade wieder zu gehen. Wenn jeder Mensch ein Haus ist, denkt der Vater, als er an diesem ersten Abend das Licht löscht, hat er soeben einen neuen Keller bekommen.

Kann Hilflosigkeit schaffen, was Wissen nicht vermag?

Wo Vokabeln und Kindermädchen auf Granit beißen, hat der Kellergrieche Erfolg. Der Vater kann sich nicht erklären, wie das möglich ist oder warum die Söhne ihn so bewundern. Aber sie preisen seinen geschickten Umgang mit Schlittschuhen und Rasenmähern, sie singen den Lobgesang seiner Muskeln und seines Lachens, sie geben jeden Zug in den Krocketpartien wieder, die der Landsmann mit solch diebstahlsicherem Gefühl für die Bewegungen von Kugeln durch Zeit und Raum gewinnt. Sie nehmen ihn sogar in Schutz, als der Vater darauf hinweist, dass er jedenfalls kein Experte für das Alphabet ist.

»Aber das ist doch ganz einfach«, sagt seine Frau amüsiert, als sie die Verwirrung ihres Mannes bemerkt. »Er ist so beschaffen, dass man ihm helfen will.«

Politik, IV

Eines Abends ruft die Mutter aus der oberen Etage. Das Licht draußen ist spröde, aber verlässlich, es wird Frühling. Der Vater sitzt mit dem Kellergriechen in der Küche. Als sie die Treppe hinaufgekommen sind, packt der Landsmann den jüngeren der beiden Jungen, die im Flur Hockey spielen. Aus der Bibliothek dringt der Ton des Fernsehapparats. Unmittelbar darauf sehen sie den Nachrichtensprecher, der lediglich den Kopf bewegt, als er auf seine Blätter und in die Kamera blickt, auf die Blätter und in die Kamera. Die Stimme ist neutral, sein Blick hinter der schwarzen Bakelitbrille unergründlich. Während des Berichts über die Ereignisse der vorherigen Nacht wechseln sich Aufnahmen von gepanzerten Fahrzeugen mit schwankenden Antennen im Stadtverkehr ab mit Nachrichtenbildern von verbissen lächelnden Obristen und einem abgesetzten Staatsoberhaupt mit feucht gekämmten Haaren. Der Sprecher erklärt, dass Konstantin II. soeben die neue Führung des Landes vereidigt hat. »Sollte dies zutreffen, haben wir es mit einer gesetzmäßigen Regierung zu tun.«

Die Mutter zieht ihre Beine so an, dass der Vater sich auf die Couch sinken lassen kann. Sie flüstert seinen Namen, aber er hört sie nicht. Es ist, als füllten sich seine Adern in diesem Moment mit kalter Kohlensäure, der Körper mit Blei. Als er nicht antwortet, obwohl sie seinen Namen wiederholt, legt sie die Hand auf seinen Arm. Erst nach der Hälfte des nächsten Berichts steht er auf. Hört sie jedoch immer noch nicht. Stattdessen verflucht er jenen fernen Tag viele Jahre zuvor, an dem mit ruhigen, systematischen Zügen ein Hemd an einem Fahnenmast gehisst wurde. Auf dem Weg nach unten, zum Telefon im Flur, murmelt er dem Landsmann in der Tür zu: »Das ist der schwärzeste Freitag in der Geschichte des Monats April.«

Eine neue These über ausländische Väter

III. Ein ausländischer Vater, der erlebt, wie das Militär die Macht in seinem Heimatland ergreift, versucht über Telefonleitungen durchzukommen, die mal nicht funktionieren, mal besetzt zu sein scheinen. Er schickt Artikel an Zeitungen. Er unterschreibt Protestlisten, engagiert sich im Freundschaftsverein, hält Reden bei Versammlungen. Er übersetzt Flugblätter in die Sprache des neuen Landes, trifft sich mit Gleichgesinnten an den Universitäten in Lund und Kopenhagen, verfolgt die Fernsehnachrichten. Er reist sogar in die Hauptstadt, um dort um eine Audienz beim

König zu ersuchen. Ein ausländischer Vater, der Zeuge wird, wie das Militär sein Heimatland übernimmt, tut im Grunde alles, was in seiner Macht steht. Aber diese Macht ist eine Ohnmacht. Deshalb besteht das Wichtigste, was ein ausländischer Vater tun kann, darin, die Hilflosigkeit als einen Freund zu betrachten. Sonst lernt er nie, mit sich selbst als ausländischem Vater zu leben.

Die Chronologie des Aufbruchs

Der Vater, der begreift, dass das Militär seine Hoffnungen, gegen einen dickeren Umschlag als üblich in sein Heimatland zurückkehren zu können, zunichtegemacht hat, bekommt viel Stoff zum Nachdenken. So erkennt er, dass die entscheidenden Augenblicke in seinem Leben einen gemeinsamen Nenner haben: den Aufbruch. Er ahnt, dass er diese Chronologie möglicherweise eines Tages wird erklären müssen. Und nimmt deshalb ein Blatt Papier, auf das er in absteigender Reihenfolge sechs Jahreszahlen schreibt: das laufende Jahr 1967, dann 1964, 1960, 1959, 1954 und 1951. Nach einem gewissen Zögern fügt er eine siebte hinzu, unter der er zwei dicke Striche zieht: 1947.

Zwischen der obersten und der untersten Ziffer liegt das Leben des Vaters als Erwachsener. In den Jahren von der ersten bis zur letzten hat er selbst über sein Schicksal bestimmt, obgleich er niemals hätte vorhersehen können, was geschehen würde, als er an einem Herbsttag in der Vergangenheit in Athen aus dem Zug stieg. Als er die Jahreszahlen betrachtet, kommt ihm der Gedanke, dass sich jede von ihnen auf eine frühere gründet, was ihn an eine Leiter erinnert. Jeder neue Aufbruch beruht also auf einem vorhergegangenen, so wie jede neue Handlung im Leben eine frühere voraussetzt. Indem er sich nicht gegen Veränderungen wehrt, hat er die Kunst des Aufsteigens gelernt. Noch vermag er nicht zu sagen, was auf die oberste Jahreszahl folgen wird. Aber er weiß, dass der

21. April 1967 der schwarze Freitag ist, an dem er endgültig zum Auslandsgriechen geworden ist.

Einige Jahre zuvor sind sie, der Industriestadt überdrüssig, in der er eine Stelle als Chirurg gefunden hatte, in die Villa Seeblick gezogen. Mit zwei Kindern in einer engen Wohnung hatte er gespürt, dass sich das Dasein um ihn schloss wie Wasser über dem Kopf. 1960 wohnten sie noch in der westschwedischen Hafenstadt, in der das erste Kind geboren wurde. Sie hätten sich durchaus vorstellen können, dort zu bleiben. Aber die Bedingungen waren unsicher und etwas an seiner Rolle als Provinzialarzt nagte an dem frischgebackenen Vater. Vielleicht gehörten Mandelentzündungen und Bauchschmerzen zu einem anderen Repertoire. Erst im Jahr davor hatten sie der Stadt, in der sie geheiratet hatten und er sein Examen bestand, den Rücken gekehrt. Obwohl es sich wie eine Ewigkeit anfühlt, hat er das Land, in dem er seine Frau kennenlernte, wiederum nur ein paar Jahre zuvor verlassen. Eigentlich wollte er in Schweden nur den Sommer über etwas Geld verdienen, um sein weiteres Studium finanzieren zu können, das im Oktober weitergehen sollte. Bei seiner Ankunft in der schwedischen Hauptstadt hustete er jedoch wieder Blut und benötigte medizinische Hilfe. Als er neun Monate später entlassen wurde, wusste er, was das neue Land zu bieten hatte, und wollte nicht zurückreisen. Und in sein Heimatland konnte er wegen eines Hemds nicht fahren.

Als der Vater die Liste der Jahreszahlen herabsteigt, stellt er fest, dass er immer einen Schritt nach dem anderen gemacht hat und aus Malmö, Göteborg, Lund, Stockholm, Wien und Athen aufgebrochen ist. Als er die letzte Zahl erreicht, die eigentlich die erste ist, wird er jedoch unsicher. Es ist der schwierigste Schritt in seinem Leben. 1947 stand der Bürgerkrieg vor der Tür, und der Aufbruch aus seinem Heimatdorf geschah nicht freiwillig. Aber wie kann er erklären, warum er Schule und Eltern verlassen musste, ohne gleichzeitig zuzugeben, dass es Umstände gibt, über die ein

Mensch nicht selber bestimmt? Oder dass es zwanzig Jahre dauern kann, bis er erkennt, sogar wenn er sein Schicksal selbst in die Hand nimmt, steht die Leiter, die er himmelwärts aufgestellt hat, auf dem unsicheren Grund der Schatten?

Skizzen zu einem Menschen

Als die Mutter den Zorn und die Ohnmacht ihres Mannes erlebt, glaubt sie den Jungen auf den alten Fotos zu sehen. Sie ist ihm nie begegnet, weiß aber, dass es in dem Erwachsenen noch einen Fünf-, Vierzehn- und Siebzehnjährigen gibt. Die früheren Ausgaben bewegen sich in seinem Inneren wie andere Versionen des Menschen, den sie liebt. Sie beschließt, diese als Skizzen zu dem späteren Menschen zu sehen. Da ist die Kohlezeichnung zu einem Jungen, fünf oder sechs Jahre alt, der singt, um sich nicht fürchten zu müssen, wenn er in den Hügeln oberhalb des Elternhauses die Ziegen hütet. Da ist derselbe Junge, der ein paar Jahre später läuft, um nicht zu spät zur Schule zu kommen. Sie kann seine klatschenden Fußsohlen hören, wenn er durch den Korridor rennt, und sich den Straßenstaub vorstellen, der sich zwischen seinen Zehen festgesetzt hat. Da ist der Zwölfjährige, nicht mehr mit Kohlestift gezeichnet, sondern aus fließenden Wasserfarben bestehend. Obwohl sich seine Art, die Augen konzentriert zu Schlitzen zu verengen, niemals ändern wird, ist er noch im Werden begriffen. In diesem Moment hustet er im Schlaf, während ihn sein Bruder tritt, damit er Ruhe gibt. Da ist der Vierzehnjährige mit so feinem Flaum, dass die Oberlippe bepudert aussieht. Die Mutter stellt sich vor, dass seine Wangen noch so glatt sind wie ein Milchbrötchen und sein Hemd nach Meer und Fischschuppen riecht. Da ist der Vierzehneinhalbjährige – ein Aquarell –, der mit einem Besenstiel als Rückgrat stolz und geheimnisvoll durchs Dorf geht, weil er nun weiß, wie andere Lippen schmecken. Wenn sie wählen dürfte, würde sie seiner Haut den sanften Ton von Olivenöl geben. Da ist der Fünfzehn-, Sechzehn- und Siebzehnjährige. Der Fünfzehnjährige steckt voller Lachen und Schülerfleiß, trägt aber auch eine unterdrückte Glut in sich, die ihn hundertmal interessanter macht als andere Jungen. Der Sechzehnjährige ist ein diesiger Fleck, wie die Schiefertafel, wenn mit der Handkante darüber gewischt wurde. Der Siebzehnjährige ist schwarzhaarig und ernst, und sie weiß, dass er von nun an nur in Ölfarben gemalt werden kann.

Als die Ehefrau den Zorn und die Ohnmacht ihres Mannes erlebt, sieht sie diese unbekannten Versionen von ihm. Und er vertieft sich einwärts, in einem Korridor perspektivischer Verkleinerung, als trüge der Körper seine eigene Unendlichkeit in sich.

Festgezurrte Gewichte

An den letzten Apriltagen ist der Vater wie aufgestaut. Seine Frau weiß, dass es dumpfe Kräfte gibt, die in ihm ruhen wie festgezurrte Gewichte, Kräfte, die sich ihrer Kontrolle entziehen, und sie ahnt, dass sie es bereuen könnte, falls sie diese herausfordern sollte. Das sind nicht die Kräfte, die sie viele Jahre zuvor nach Schweden gelockt haben. Das ist nicht die starke mineralische Lust, die von den Worten ihres Mannes geweckt wurde, als sie die Umschläge mit dem blaugelben Rand aufschlitzte und seine Beschreibungen las, bei denen sie sich vorzustellen versuchte, wie er in dem Krankensaal im Sanatorium lag. Das ist nicht der Eifer, der sie den Koffer packen ließ, sobald sie aus den Händen des Rektors ihr Diplom entgegengenommen hatte, und es mit einer Eile, über die sie nur lachen konnte, einfach unterließ, die letzten Sachen einzupacken, die ihr die Mutter herauslegte, denn sie hatte ja keine Zeit, es galt doch, rechtzeitig zum Bahnhof zu kommen, obwohl es noch mehr als drei Stunden bis zur Abfahrt des Zugs waren. Das sind

Kräfte, die sich ihrer Kontrolle entziehen, aber sie hat gelernt, um diese Kräfte herum ein Leben aufzubauen. Sie fragt sich, ob jemand, der seine Freiheit zu rücksichtslos verteidigt, nicht Gefahr läuft, sie zu verlieren.

Wenn sie es recht bedenkt, kann sie die dumpfen Kräfte in ihrem Mann bis zu ihren ersten Monaten in dem neuen Land zurückverfolgen. Sie waren da, als er sich ein Fahrrad lieh und zum Meer hinausfuhr, wo einmal, hatte er gehört, Rilke gewohnt hatte. Weder die Papiere für die Trauung, die beschafft werden mussten, noch die Laken, die sie kaufen wollten, waren so wichtig wie die Lyrik, die er in den Dünen sitzend schrieb, umgeben von grauem Wind und zerzaustem Strandhafer. Sie waren da, als er ihr am Hochzeitstag seine erste Gedichtsammlung schenkte und als sie zwei Jahre später nicht in die Wohnung ziehen konnten, die sie gerade frisch gestrichen hatte, obwohl sie den Mietvertrag unterschrieben hatten und sie im siebten Monat schwanger war. Sie spürte die Kräfte im Schweigen ihres Mannes, als er neben ihr ging, entmutigt, aber entschlossen, während der Schnee unter den Schuhsohlen knirschte, und als er plötzlich so sehr einer Katze ähnelte, dass sie sich nicht mehr sicher war, wohin sie ihre Füße setzen sollte. Sie waren da, als er ihr erstes Kind hochhielt, um ihr zeigen zu können, dass es ein Sohn war. Sein Lächeln hing direkt mit diesen Kräften zusammen, die auch da waren, als ihr Junge zwei Jahre später von dem Balkon im zweiten Stock herabpinkelte und die drei, vier Personen, die auf den Bus warteten, sich beschwerten, während ein gewisses Elternteil von einem so rebellischen Lachen geschüttelt wurde, dass es Häuser zum Einstürzen hätte bringen können.

Sie weiß, dass ihr Mann auch festgezurrte Kräfte enthält. Und dass diese nur vertäut bleiben, solange sie ihnen vertraut.

Stillleben

Als der ohnmächtige Vater nicht weiß, was er tun soll, beschließt er abzuwarten. In den Augen anderer wirkt dieses Warten umtriebig. Denn in der Zwischenzeit handelt er doch mit Händen und Mund, durch alles, was er sagt und tut. Aber im Grunde harrt er, zurückgezogen in einem unzugänglichen Teil seiner selbst, nur aus. Der Sohn denkt an die nackte Glühbirne, die in der Gästetoilette hängt. Als der Vater ihn an einem Sommertag bittet, die Jodflasche aus dem Arzneischrank zu holen, zittert die Lampe, obwohl der Rest des Zimmers sich nicht rührt. Bei seinem Vater ist es genau umgekehrt. Er wartet in sich selbst, reglos, aber aufmerksam. Was zittert, ist die Welt.

Im tiefsten Inneren

Der Sohn fragt sich, aus welcher Farbe der Vater besteht, und kommt zu dem Schluss, dass es granatapfelkernrot sein muss. Er weiß nicht, warum er sich seiner Sache so sicher ist. Aber die Farbe passt zu seinem Temperament, und als er eines Nachmittags die Wunde am Schienbein des Vaters sieht, kommt allein sie in Frage.

Der Vater hat mit dem Rasenmäher etwas gemacht, was er nicht hätte tun sollen. Während er mit seinem Unterhemd das Blut abwischt, mustert der Junge seine Holzschuhe, auf denen Hunderte kleiner, abgeschnittener Grashalme kleben. Nachdem der Vater die Wunde mit Jod gesäubert hat, das aus der Gästetoilette geholt wurde, studiert er den Schnitt mit der amüsierten Sachlichkeit eines Chirurgen. Dem Sohn treten Tränen in die Augen, als er sieht, wie seine Finger die Wundränder auseinanderziehen. Er denkt, dass der Vater genau dort ist, in dieser Blume aus Fleisch. Prachtvoll, übertrieben, pulsierend. Er blinzelt und fragt sich, ob man wirklich in sich selbst hineinschauen kann. Der Vater nickt, die Zunge zwischen den Zähnen gefaltet, dann bittet er das Kind, ihm nicht die Sicht zu versperren. Während er die Sehnen untersucht, erklärt er, dass er feststellen muss, wo die Klinge des Rasenmähers aufgehört hat zu rotieren. Im selben Moment sieht der Sohn, dass es im tiefsten Inneren eines Vaters weiß ist wie Knochen.

Tabula rasa

Wenn der Vater nicht schlafen kann, weil der Nachtdienst den Körper aus dem Takt bringt, legt er sich auf die Seite, sieht die Äste der Bäume hinter den Vorhängen schwanken und denkt an eine Zeit mit Fensterläden, von denen Farbe abblättert, staubigen Straßen und quietschenden Kreiden auf der Schiefertafel zurück. Werden diese Gedanken zu schwermütig, setzt er die Füße auf den Boden, lauscht den flachen Atemzügen seiner Frau und geht in die Küche hinunter. Die Treppe knarrt in der Dunkelheit, das Licht der Laterne an der Garageneinfahrt lässt die Fettflecken auf dem Fenster hervortreten. Das Haus atmet still und methodisch, was auch der Vater tut, als er ein Glas vom Geschirrständer nimmt und es unter den Wasserhahn hält. Er trinkt in langsamen Schlucken, das Wasser gleitet silbrig durch seine Kehle. Dann setzt er sich an den Tisch, betrachtet seine Handteller. Sie sind fünfunddreißig, vielleicht auch sechsunddreißig Jahre alt. Keine Schwielen, kaum Spuren von Benutzung. Am Trauring schwillt die Haut an. Er streicht sich mit den Fingern durchs Haar, kratzt sich mit den Nägeln am Hinterkopf, legt die Hände wieder auf den Tisch.

Der Vater weiß, was er seinen Händen zu verdanken hat. Und welche Schuld sie ihm eingetragen haben. Er denkt, dass ein halbes Leben vergangen ist, seit sie mit hastigen Bewegungen alles ausgewischt haben, was bis dahin auf seiner Tafel geschrieben wurde.

Fantaisie nocturne

Nimm diesen Vater und lass ihn eines Nachts am Küchentisch sitzen. Lass ihn in diesem Moment erkennen, dass er sich trotz allem, was in seinem Heimatland vorgeht, an keinem anderen Ort befinden will, lass ihn an die warmen Körper denken, die in den Zimmern über ihm atmen, und lass ihn sie in Gedanken einen nach dem anderen berühren. Lass ihn wissen, dass ein Mensch, der einen Haushalt aufbaut, alles in seiner Macht Stehende tun muss, damit jeder Winkel für alle zugänglich ist. Aber lass ihn auch finden, dass manche Bereiche ruhig noch verschlossen bleiben können. Oder wenn nicht verschlossen, zumindest unzugänglich. Lass ihn deshalb denken, dass die Türen noch ein paar Jahre Handflächen gleichen sollen. Und lass ihn beschließen, dass es für die Kinder so bleiben soll, bis sie alt genug sind zu verstehen, dass nicht alles im Leben freiwillig passiert.

Vielleicht wird ein solcher Vater an Varykino denken. Als der russische Doktor die Tür zu der verfallenen Sommerresidenz aufdrückte, war es, als beträte er ein Außen. Bei dem Gedanken an ein Heim, das seine eigene Außenseite enthält, fühlt sich der Vater verwirrenderweise glücklich. In seiner Vorstellung macht dies die Behausung offen und unendlich. Er lacht und begreift, dass es kein sichereres Zuhause geben kann. Danach bettet er den Kopf in die Hände auf dem Tisch. Und beginnt, sich zu erinnern.

Inventur von Dingen, die von der Zeit ausgewischt werden, oder solchen, die möglicherweise unzugänglich bleiben, während ein Gesicht in einem Paar Hände ruht

Der flaumige Schnurrbart eines sechzehnjährigen Cousins.
Das Ende des Gürtels, das er in den Hosenbund gesteckt hat, weil es sonst herabhängt und schlenkert wie eine Blindschleiche.

Der Rücken eines Cousins, wenn er mal nach rechts, mal nach links pendelt, während sie durch den Apfelsinenhain zur Steinmauer hinaufgehen.

Der abgesengte Erdboden unter ihren Füßen. Und der Geruch von Ruß.

Ein Cousin, der pfeift. Ein Cousin, der Melodien pfeift wie kein anderer. Die Internationale. Volkslieder. Einen Tango. Serenaden für Mädchen, mit so viel Feuchtigkeit und Wärme in den Tönen, dass es brennt wie Fruchtsaft auf leeren Magen.

Das Licht, das unter den Bäumen flackert. Die Erde, die sich in schimmerndes Wasser mit Tausenden Schattenfischen verwandelt.

Die letzte Zigarette. Die sie sich teilen, als sie sich auf die Steine gesetzt haben. Die der Cousin ihm reicht, nachdem er sie sich wie Alan Ladd angezündet hat. Die der Cousin wieder entgegennimmt, wobei er fragt, ob er sich noch an den Tag erinnere, an dem sie gemeinsam ins Wasser gesprungen sind, nachdem sie mit ihrem nächtlichen Fang an Land gerudert waren. Die er zwischen Daumen und Zeigefinger klemmt, um einen letzten Zug zu nehmen, ehe er sie in einem weiten, ewigen Bogen fortschnippt, während das Nikotin durch ihr Blut rauscht.

Die Herbstsonne. Die Herbstsonne, die einsam alles sieht, was sie tun. Die Herbstsonne, auf die der Cousin zielt, als er das Gewehr aus der Steinmauer gewühlt hat.

Das Gewehr. Ein altes russisches Mosin-Nagant, das, als es noch einen Riemen hatte, von einem Partisanen im Krieg gegen die Deutschen getragen wurde. 1,7 Kilo Holz und Metall.

Das zerrissene Laken, in das die Waffe gewickelt ist. Das Laken, das bald auf eine pumpende Brust gepresst wird.

Der erste Schuss. Schnurstracks in den Himmel.

Und der Cousin, der sein rollendes Echo nachahmt. Mit einem langgezogenen Pfiff am Ende. Wehmütig. Beeindruckt. Verführerisch. (Dies in umgekehrter Reihenfolge.)

Der Cousin, der nachlädt und ihm das Gewehr reicht. Der die Sonne im Rücken hat, als er sagt: »Du bist ein Freiheitskämpfer. Dann schieß doch.«

Die Sonne, die plötzlich blendet. Der Schuss, der sich ungewollt löst. Der Cousin, der nichts mehr tut.

Die vorletzte These über ausländische Väter

II. Ein ausländischer Vater, der immer noch spürt, wie 1,7 Kilo Holz und Metall in seinen Händen ihr Eigenleben führen, verrichtet danach alles in seinem Dasein sorgfältig. Das macht seine Handlungen zeremoniell. Wie er sich die Nägel in sanften, methodischen Kurven schneidet. Wie er die Apfelsine schält, indem er mit dem Messer Schnitte ansetzt und danach, die Spitze zwischen Daumen und Klinge geklemmt, die Blätter abzieht. Wie er die zusammengefalteten Strümpfe anzieht, indem er seine Finger in die Stofftasche schiebt, den Strumpf an der Fußsohle entlangführt, in den Zehen einhakt und danach gleichzeitig den Fuß vorschiebt und die Hand herauszieht. Aus all diesen Handlungen spricht Ehrfurcht. Der ausländische Vater feiert das Dasein, indem er die Dinge ernst nimmt.

Zwei Pflaumen

DER GESTERBTE: Es scheint, als wüsstest du mehr über mich als ich selbst.

EIN SOHN: Das ist nur eine Frage der Perspektive ...

DER GESTERBTE: Du meinst, dass es keine Rolle spielt, aus welchem Blickwinkel man einen Menschen betrachtet?

EIN SOHN: Mm-n. Aber ich denke oft daran, wie du einmal gesagt hast, du fühlst dich wie ein Haus, das umgebaut wird.

DER GESTERBTE: So habe ich mich gefühlt, seit ich sechzehn war und von der Sonne geblendet wurde.

EIN SOHN (*zeigt mit der Hand*): Das hier ist nur Papierpflege. Bietet kaum Schutz. Aber die Wände bestehen aus wirklichen Ereignissen, auch wenn ich nicht davor zurückgeschreckt habe, Vermutungen einzubauen. Oder die Verhältnisse zu verändern. Ich glaube, du weißt, warum. Übrigens frage ich mich, wieso soll ein Mensch kein Labyrinth sein dürfen? Ist das nicht jeder?

DER GESTERBTE: Ich höre Zweifel.

EIN SOHN: Zweifel, vielleicht Abschied. Wenn es Zeit wurde zu fahren, standest du immer mit erhobener Faust auf der Veranda. So will ich dich halten. Wie eine Walnuss. Wie eine Sonne. Wie tausend unsichtbare Ereignisse.

DER GESTERBTE: Kläffer, als du noch im Kinderwagen lagst, habe ich deine Füße gehalten. Du hast getreten wie ein Uhrwerk, eine perfekte kleine Maschine. Zum Auszug geboren. Ich umschloss sie und dachte, dass sie kaum mehr wiegen als zwei Pflaumen. Trotzdem machtest du damals schon, was du wolltest. Die Füße zeigten mir, dass du nicht aufzuhalten sein würdest.

Die letzte These über ausländische Väter

I. Die Hände eines ausländischen Vaters lehren einen Sohn, wie man mit einem Menschen haushält.

III

Der siebenunddreißigste Januar

Er ist achtundzwanzig Jahre alt, als er auf dem Teppich kniet, den seine Mutter ihm vor so langer Zeit mitgab. Die Füße seiner Frau zittern beidseits seiner Knie. Schöne Zehen, hochgedrückte Fersen. Das Nachthemd hängt schwer von Feuchtigkeit zwischen den bebenden Waden. Die Wehen haben vor einer halben Stunde eingesetzt, gerade kündigt sich die nächste an. Sie will nur noch diese abwarten, dann werden sie sich auf den Weg machen. Das Taxi ist schon bestellt. Als sie die Arme um den großen Bauch mit dem Knopf legt, denkt er: Eine riesige Apfelsine. Eine Galaxie. Die andere Hälfte der Sonne.

Er stellt sich vor, wie es sich darin bewegt, im warmen Raum des Wassers, und sieht zehn durchsichtige Finger vor sich, die unter dem Kinn eingerollt werden, dazu eine verträumte, siegessichere Miene und zwei Rosinen als Füße. Die unsichtbare Hirnschale glänzt wie ein Perlmutthelm, das unsichtbare Haar liegt glatt an wie ein blau schimmernder Pelz. Die Ohren sind unsichtbar, aber zart und perfekt, aus Porzellan, die Augen sind unsichtbar, aber streng und asiatisch, aus Dunkelheit. Unter den geröteten Lidern ruhen bilderlose Seen.

Der Fötus holt gerade Schwung. Der Nacken beugt sich und der Rücken krümmt sich, wie um das Knäuel aus Haut und Adern und Haaren zu schützen, von dem sich ein wulstiger Strang ringelt. Ihr Kind ist endlich auf dem Weg, sein geheimes Universum zu verlassen, und ein Teil von ihm hofft, dass dies mit einem Penis als Ruder geschehen wird. Als er die Bewegungen unter seiner Handfläche spürt, schwach, aber beharrlich wie ferne Morsesignale, muss er jedoch an einen wedelnden Schwanz denken – was den Ausschlag gibt: Dieses Kind ist ein Kosmonaut der besonderen Art.

Als die Ehefrau die Hand ihres Mannes auf ihren Bauch presst, als wäre es das letzte, was sie noch zu tun beabsichtigte, kann er sich ein Lachen nicht verkneifen. »Laika«, murmelt er und spürt die Feuchtigkeit um seine Knie. »Du leerst gerade deine Fruchtblase ...« Während sich die Flüssigkeit ausbreitet, erlebt er jedes Zittern unter ihrer Haut, als wäre es sein eigenes. »Ich glaube«, stöhnt seine Frau, die nicht hört, was er sagt – dann bricht sie ab. Sie wimmert, sie ringt nach Atem, die Luft wird aus ihr herausgesogen. Die Miniaturwelt da drinnen macht sich gerade bereit, in eine andere Sphäre einzutreten. Sechs seltsame Tage zu lange haben sie auf diesen Moment gewartet. Noch folgt der unsichtbare Satellit seiner eigenen Chronologie, aber bald wird er seine Umlaufbahn verlassen und in ihrem Leben einschlagen. Als sie am folgenden Tag aus dem Krankenhaus zurückkehren, werden sie entdecken, dass sich der Teppich verfärbt hat, und ihr Ehemann wird etwas über Rotverschiebung sagen.

»Ich glaube«, keucht die Ehefrau, die keine Zeit hat, sich irgendwelche inneren Welten oder Raumfahrzeuge aus Haut und Haaren vorzustellen, die von Adern umschlossen dabei sind, ihr Mutterschiff zu verlassen. Stattdessen legt sie ihre Hand auf die Schulter des Mannes und richtet sich auf. »Ich glaube«, wiederholt sie, sehr leise, wie ein Gebet, »es ist so weit, du wirst Vater.«